Promote Peace Education!

Promote Peace Education!
Viele Stimmen für den Frieden

Mit Beiträgen von:
Paul Ackermann, Roland Bernecker, Hanne-Margret Birckenbach, Andreas Buro, Yvonne Buschbaum, Christian Büttner, Herta Däubler-Gmelin, Georg Dürr, Gernot Erler, Johannes Esser, Richard Friedli, Anne Frommann, Cornelia Füllkrug-Weitzel, Gebhard Fürst, Petra Gerster, Renate Grasse, Rita Haller-Haidt, Hildegard Hamm-Brücher, Heike Hänsel, Andrea Haupt, Winfried Hermann, Wolfgang Huber, Felix Huby, Frank Otfried July, Marie-Luise Kling-de Lazzer, Margarete E. Klotz, Hans Koschnik, Hans Küng, Felicia Langer, Berthold Meyer, Monika Niederle, Wilhem Nolte, Günther H. Oettinger, Boris Palmer, Gunter A. Pilz, Botho Priebe, Arnulf Rating, Helmut Rau, Eberhardt Renz, Volker Rittberger, Annette Schavan, Michael Schmid, Walter Schwenninger, Dieter Senghaas, Burkhard Steinmetz, Rita Süssmuth, Klaus Tappeser, Mara Ustinova, Reinhard J. Voß, Jamie Walker, Ernst Ulrich von Weizsäcker, Annette Widmann-Mauz, Heidemarie Wieczorek-Zeul, Theo Zwanziger

IMPRESSUM
Institut für Friedenspädagogik Tübingen e. V. (Hrsg.):
Promote Peace Education! Viele Stimmen für den Frieden.
Redaktion: Uli Jäger / Günther Gugel
© 2006 Institut für Friedenspädagogik Tübingen e. V.
Gestaltung: Medienstudio Christoph Lang, Rottenburg
Druck: Druckerei Deile Tübingen
ISBN 10: 3-932444-18-3
ISBN 13: 978-3-932444-18-0

Institut für Friedenspädagogik Tübingen e. V. , Corrensstr. 12,
72076 Tübingen, Telefon: 07071-920510, Fax: 07071-9205111
kontakt@friedenspaedagogik.de
www.friedenspaedagogik.de

Vorwort 7

Beiträge

Paul Ackermann	10
Roland Bernecker	12
Hanne-Margret Birckenbach	14
Andreas Buro	16
Yvonne Buschbaum	18
Christian Büttner	19
Herta Däubler-Gmelin	20
Georg Dürr	23
Gernot Erler	25
Johannes Esser	26
Richard Friedli	28
Anne Frommann	30
Cornelia Füllkrug-Weitzel	32
Gebhard Fürst	34
Petra Gerster	36
Renate Grasse	37
Rita Haller-Haidt	38
Hildegard Hamm-Brücher	39
Heike Hänsel	40
Andrea Haupt	41
Winfried Hermann	42
Wolfgang Huber	43
Felix Huby	46
Frank Otfried July	47
Marie-Luise Kling-de Lazzer	49
Margarete E. Klotz	50
Hans Koschnik	51

Hans Küng	53
Felicia Langer	55
Berthold Meyer	57
Monika Niederle	59
Wilhem Nolte	60
Günther H. Oettinger	62
Boris Palmer	63
Gunter A. Pilz	64
Botho Priebe	65
Arnulf Rating	68
Helmut Rau	70
Eberhardt Renz	71
Volker Rittberger	72
Annette Schavan	75
Michael Schmid	76
Walter Schwenninger	78
Dieter Senghaas	81
Burkhard Steinmetz	83
Rita Süssmuth	85
Klaus Tappeser	86
Mara Ustinova	88
Reinhard J. Voß	91
Jamie Walker	94
Ernst Ulrich von Weizsäcker	96
Annette Widmann-Mauz	97
Heidemarie Wieczorek-Zeul	98
Theo Zwanziger	99

Günther Gugel / Uli Jäger
Promote Peace Education:
Friedenspädagogik in Tübingen   100

Vorwort

Im November 2006 feierte das Institut für Friedenspädagogik Tübingen sein 30-jähriges Jubiläum. Mit seinen Publikationen und Fachtagungen, mit Vorträgen, Kampagnen und Seminarangeboten und nicht zuletzt mit einem umfassenden Angebot im Internet (www.friedenspaedagogik.de) steht das Institut seit Jahren weit über die Grenzen Deutschlands hinaus für die konsequente theoretische, vor allem aber auch praktische Förderung nachhaltiger friedenspädagogischer Lernprozesse.

Wir sind der Überzeugung:
- Friedenserziehung ist keine Zeiterscheinung. Sie ist so lange erforderlich, wie Menschen unterdrückt und Konflikte mit Gewalt ausgetragen werden.
- Friedenserziehung ist Teil einer Kultur des Friedens, die gekennzeichnet ist durch eine zivile Gesellschaft. Friedenserziehung gibt in diesem Sinne konkrete Hilfestellungen für die Erziehung in Familie und Vorschule, im schulischen Unterricht und in der außerschulischen Bildungsarbeit.
- Friedenserziehung gründet in der Überzeugung, dass Einstellungen und Verhaltensweisen durch Erziehung und Bildung veränderbar sind und sich auf politische Entscheidungen und Strukturen auswirken.
- Friedenserziehung, wie sie im Institut für Friedenspädagogik entwickelt und praktiziert wird, ist auch Aufforderung zur Einmischung in Gesellschaft und Politik. Sie sieht die Verantwortung des einzelnen, berücksichtigt aber auch die Bedeutung struktureller Rahmenbedingungen.

Für seine kontinuierliche Arbeit erhielt das Institut 1982 – damals noch als „Verein für Friedenspädagogik Tübingen" – die Theodor-Heuss-Medaille, 1999 den Ehrenpreis für Friedenserziehung der UNESCO und 2005 wurde das Institut für Friedenspädagogik als „Offizielles Projekt der UN-Weltdekade Bildung für nachhaltige Entwicklung" ausgezeichnet.

Vieles hat sich verändert: Die Sensibilität für die verschiedenen Formen von Gewalt ist gestiegen und das Recht auf gewaltfreie Erziehung wurde gesetzlich verankert; mehr und mehr junge Menschen lernen in der Schule mit Konflikten konstruktiv umzugehen und die Skepsis der Bevölkerung gegenüber militärischen Einsätzen zur vermeintlichen Lösung von Problemen ist ein einflussreicher Faktor in der Politik geworden.

Doch die weiterhin beunruhigenden Gewaltpotenziale in der eigenen Gesellschaft und die anhaltende Friedlosigkeit in vielen Teilen der Erde wollen wir in unserem Jubiläumsjahr zum Anlass nehmen, um die Notwendigkeit friedenspädagogischen Denkens und Handelns in Gesellschaft und Politik noch deutlicher zu machen. Denn trotz steigender Nachfrage aus dem In- und Ausland verfügt Friedenspädagogik in Deutschland nur über geringe materielle Ressourcen und über zu wenig öffentliche Beachtung. Diese aber sind Voraussetzung, um der Friedenspädagogik, beispielsweise im Kontext öffentlicher Bildungsdiskussionen oder bei der Vorbereitung ziviler Interventionen in Konfliktregionen, einen angemessenen Stellenwert zu verschaffen.

Deshalb baten wir unter dem Motto „Promote Peace Education! Viele Stimmen für den Frieden" Kolleginnen und Kollegen, langjährige Freundinnen und Freunde, Mitglieder und Persönlichkeiten des öffentlichen Lebens, uns Ihre Erwartungen, Wünsche und Forderungen an eine Erziehung zum Frieden in wenigen Sätzen aufzuschreiben.

Die große Resonanz hat uns sehr überrascht und gefreut und wir danken allen, die mit ihren Beiträgen zu dem vorliegenden Buch beigetragen haben. Gleichzeitig bitten wir um Verständnis, dass wir nicht alle Personen, die auf unserer Wunschliste standen, für diese Publikation berücksichtigen und anschreiben konnten.

Unser Ziel ist es, den Stellenwert der Friedenserziehung in Deutschland zu erhöhen: In Parteien und Kirchen, in Verbänden und Nichtregierungsorganisationen, in Familien und Schulen, in Kunst und Kultur aber auch in der nationalen und internationalen Politik. Deshalb wird die Initiative „Promote Peace Education! Viele Stimmen für den Frieden" über die vorliegenden Beiträge hinaus fortgesetzt. Wir möchten Sie alle bitten, ihre „Stimme für den Frieden" als kurzen Beitrag zu formulieren und uns für eine fortlaufende Veröffentlichung im Internet (www.promote-peace-education.de) zur Verfügung zu stellen.

Tübingen, 16. Oktober 2006

Günther Gugel, Uli Jäger
Geschäftsführung

Wolfgang Berger, Elke Begander, Heike Bosien, Peter Häußer, Dr. Wolfgang Pasche
Vorstand

Paul Ackermann

Prof. (em.) Dr. Paul Ackermann lehrte Politikwissenschaft an der Pädagogischen Hochschule Ludwigsburg; Gründungsmitglied des Vereins für Friedenspädagogik Tübingen e. V.

Als Gründungsmitglied des Vereins für Friedenspädagogik freue ich mich besonders über dessen Erfolgsbilanz, die er anlässlich des Jubiläums vorweisen kann. Vorläufer des Vereins war eine entsprechende Arbeitsgruppe im Institut für Politikwissenschaft an der Universität Tübingen. Diese trat zum ersten Mal im Jahre 1971 mit einer großen Schulfunkreihe zum Thema „Erziehung zum Frieden" an die Öffentlichkeit, zusammen mit einer ähnlichen Gruppe an der Pädagogischen Hochschule Reutlingen, der ich angehörte. Dabei wurden folgende Themenbereiche behandelt: Ost-West-Konflikt, Nord-Süd-Konflikt, Arbeitskonflikt und Streik, Gastarbeiter und Schule als Konfliktfeld.

Die Veränderung der Themenbereiche ist offensichtlich, geblieben ist die didaktische Problematik, „dass eine Reduktion der Probleme einer Erziehung zum Frieden auf eine individualpädagogische Ebene heute unzureichend und äußerst problematisch ist." (Dieter Senghaas 1969) Doch ist uns – unter anderem durch die aktuelle terroristische Bedrohung – noch deutlicher geworden, wie intensiv persönliche Gewaltbereitschaft mit Gewaltstrukturen in gesellschaftlichen Bereichen und in der Staatenwelt zusammenhängt. Nur durch eine intensive Kooperation unter anderem mit der Friedens- und Konfliktforschung, wie dies bei den bisherigen Projekten des Instituts für Friedenspädagogik der Fall war, können wir in der

Friedenserziehung der Komplexität dieser Zusammenhänge immer gerecht werden.

Für mich ist Erziehung zum Frieden ein zentraler Bestandteil des sozialen und politischen Lernens und damit eine kontinuierliche Aufgabe. Um dies zu ermöglichen, muss Friedenserziehung in allen Bildungsbereichen noch stärker institutionalisiert werden. Damit könnte auch verhindert werden, dass das Institut nur eine „Feuerwehrfunktion" für aktuelle gesellschaftliche und politische Probleme ausübt. Allerdings sollte dieser bei seiner zunehmenden Etablierung die Unabhängigkeit und die Offenheit für neue gesellschaftliche und politische Initiativen behalten.

Da sich Friedenserziehung angesichts der immer wieder neuen gesellschaftlichen Entwicklungen und unterschiedlichen politischen Herausforderungen an einem prozesshaften Friedensbegriff orientieren sollte, kann sie nicht als Lernprozess mit eindeutig definierten Lernzielen, Inhalten und Methoden, sondern nur als unabgeschlossene Suchbewegung verstanden werden. Auf dieser Suche bedarf sie der professionellen Hilfe, unter anderem durch das Institut für Friedenspädagogik.

Roland Bernecker

Dr. Roland Bernecker ist Generalsekretär der Deutschen UNESCO-Kommission.

Die Deutsche UNESCO-Kommission gratuliert dem Institut für Friedenspädagogik Tübingen zu seinem 30-jährigen Bestehen. In Zeiten fortwährender Beschleunigung ist die international anerkannte Institutsarbeit über drei Dekaden als ein besonders nachhaltiger Beitrag zur Friedenspädagogik zu würdigen. Friedensarbeit ist das oberste Ziel der UNESCO, der Sonderorganisation der Vereinten Nationen für Bildung, Wissenschaft, Kultur und Kommunikation. Die UNESCO-Verfassung beginnt mit dem berühmten Satz: „Da Kriege im Geist der Menschen entstehen, muss auch der Frieden im Geist der Menschen verankert werden." Es ist nur vordergründig richtig, aus dem Primat der Politik in der Verantwortung für eine friedliche Gestaltung der Welt eine untergeordnete Rolle der Bildungs- und Erziehungsarbeit abzuleiten. Auch dazu hat die UNESCO bereits in ihrem Gründungsakt eine klare Aussage gemacht. Selbst eine zwischenstaatliche Organisation, verweist sie – noch unter dem Eindruck des Zweiten Weltkrieges – auf den unabdingbaren Beitrag, den die Menschen und Gesellschaften zur Arbeit an einer friedlicheren Zukunft leisten müssen: „Ein ausschließlich auf politischen und wirtschaftlichen Abmachungen von Regierungen beruhender Friede kann die einmütige, dauernde und aufrichtige Zustimmung der Völker der Welt nicht finden. Friede muss – wenn er nicht scheitern soll – in der geistigen und moralischen Solidarität der Menschheit verankert werden."

Für die Jahre 2005–2014 haben die Vereinten Nationen die Dekade „Bildung für nachhaltige Entwicklung" ausgerufen. Friedenserziehung muss sich als ein zentrales Thema in den größeren Kontext der Bildung für Nachhaltigkeit einbringen. Dass diese konzeptionelle Anknüpfung gelingt, zeigt sich daran, dass das Institut für Friedenspädagogik 2005 als Offizielles Projekt der UN-Dekade ausgezeichnet wurde. Die große Herausforderung von Friedenserziehung besteht in der Verknüpfung von Bildungsgehalten und -methoden, die eine strukturierte und offene Selbstvergewisserung junger Menschen in einem gegebenen kulturellen Kontext ermöglichen, mit der Gestaltungskompetenz, Vielfalt und Alterität konstruktiv zu begegnen und ein grundlegendes Bewusstsein für Verantwortung zu entwickeln, die wir gegenüber den begrenzten Lebensressourcen auf dem Planeten Erde haben. Dazu braucht es innovative Konzepte, die auch dem sich ändernden Erwartungshorizont der nachwachsenden Generationen entsprechen müssen.

Wir wünschen dem Institut für Friedenspädagogik viel Erfolg für die nächsten Jahrzehnte!

Hanne-Margret Birckenbach

Prof. Dr. Hanne-Margret Birckenbach lehrt am Institut für Politikwissenschaft der Justus-Liebig Universität in Gießen; von 1999 bis 2005 war sie Mitglied im Stiftungsrat der Berghof Stiftung für Konfliktforschung.

Noch werden im Iran, Sudan, in Saudi Arabien, in den Vereinigten Arabischen Emiraten, in Afghanistan, Belize, Brunei, Malaysia und Singapur legal Straftäter geprügelt. Zu diesem Zweck haben Gefängnisse eigene Prügelzimmer, die mit einem etwa zwei Meter hohen Holzgestell, einem Prügelbock, ausgerüstet sind. Singapurs „Nationaler Rat für Verbrechensverhinderung" hat ein Video produziert, das zeigt wie die Prügelstrafe ausgeübt wird („Prison me? No way!": www.ncpc.gov.sg). Es wird an Schulen eingesetzt und soll – wie die Prügelstrafe selbst – junge Menschen davon abhalten, Straftaten zu begehen. Die Frankfurter Rundschau veröffentlichte im September diesen Jahres ein Foto, das in Malaysia aufgenommen wurde. Es führt Schülerinnen und Schülern zur Abschreckung vor, wie solch ein Prügelbock funktioniert. Einige Jungen und Mädchen grinsen, die meisten schauen gebannt hin, einige blinzeln durch die vorgehaltene Hand, einige schauen weg, einige halten sich die Ohren zu, ein Mädchen kneift die Lippen zusammen, ein anderes formt mit den Händen schützende Scheuklappen, ein Junge faltet die Hände. Gewalt schreckt nicht nur, sie fasziniert auch, anders könnte man sie nicht ertragen. So schreibt sich Gewalt methodisch den jungen Menschen ein.

Spielen wir einmal durch, wie sich die Mienen verändern würden, träte – wie in einem Märchen – die Königin von England dazwischen und bäte den prügelnden Beamten darum, die Vorstellung nur für eine kurze Ansprache zu unterbrechen. Sie sagte es so höflich und bestimmt, dass man ihr zuhören würde. „Die Prügelstrafe", so würde sie dann fortfahren, „ ist bei Euch heute akzeptiert. Auch Prügel in der Schule werden als fair und selbstverständlich betrachtet. Sie sollen dem Schutz der Gemeinschaft dienen. Das mag richtig sein, ich zweifle, aber weiß es nicht, ihr kennt es nicht anders. Ihr glaubt auch, die Prügelstrafe sei Teil eurer Kultur. Das ist falsch. Nicht ihr habt die Prügelstrafe erdacht. Wir Engländer haben sie hier 1826 eingeführt. Eure Prügelstrafe ist europäischen Ursprungs. Wir haben den Prügelbock erfunden und wie viele andere Folterinstrumente in die Welt getragen. Bei der Entkolonialisierung haben wir die mitgebrachte Gewalt nicht zurückgenommen, sondern hier vergessen. Wir wollten sie nicht zurück. Erst 1948 haben wir in England endlich die Prügelstrafe abgeschafft, lange nach den Franzosen und sogar erst 100 Jahre später als die Deutschen. Bei uns stehen solche Instrumente wie der Prügelbock heute im Museum, nicht weil sie schön anzusehen sind, sondern weil wir angefangen haben, über die Gewalt, die von uns ausgegangen ist, nachzudenken. Wir sind heute gekommen, um uns zu entschuldigen. Ich danke, dass ich diese Entschuldigung hier vortragen durfte."

Nun ist die Welt kein Märchen und die Queen wird nicht kommen, nicht einmal Prinz Charles. Wer könnte die Botschaft überbringen?

Andreas Buro

Prof. (em.) Dr. Andreas Buro lehrte Politikwissenschaft an der Universität Frankfurt und ist friedenspolitischer Sprecher des Komitees für Grundrechte und Demokratie e. V.

Wenn von Frieden die Rede ist, wird Krieg fast immer mitgedacht, als handele es sich um Zwillinge. Krieg ist somit als Möglichkeit stets präsent. Warum eigentlich? Liegt es nicht im Interesse der Gesellschaften, Frieden zu wahren und Konflikte friedlich zu lösen? Dies wird durch Militär aufgrund seines offensiv-defensiven Doppelcharakters und seiner Gewaltverherrlichung nicht erreicht. Deshalb muss nicht-militärische, zivile Friedenssicherung und Konfliktlösung zur geläufigen Assoziation zum Frieden werden, und zwar nicht nur bei den Politikerinnen und Politikern, sondern auch innerhalb der Gesellschaft. Angesichts der historischen Gewalttraditionen und der Ideologien von „Gerechten Kriegen" ist dies nur mit großem Einsatz für soziale Lernprozesse zu erreichen.

Die Friedensbewegung und andere soziale Bewegungen treiben diese Lernprozesse voran. Sie können dies jedoch nur zusammen mit Bemühungen auf anderen Feldern, die von ihnen nicht unmittelbar erreicht werden. Friedenspädagogik ist einer der äußerst wichtigen Partner, um soziale Lernprozesse in vielen Bereichen des gesellschaftlichen Lebens in Gang zu setzen. Das beginnt in Kindergarten und Schule, berührt die Familie und das Verhalten im Berufsleben und mündet in das politische Engagement im eigenen Land und zur Bewältigung von Konflikten jenseits der eigenen Grenzen. Dabei geht es nicht vorrangig um ein „Anti", sondern vor allem um das Erlernen der Formen und Möglichkeiten zivilen Konfliktaustrages.

Trotz der großen Bedeutung für die Wohlfahrt der Menschen wird in das Erlernen friedlichen Handelns nur ein winziger Bruchteil dessen investiert, was für Rüstung, Militär und für die organisierte Verfeindung ausgegeben wird. Offensichtlich muss friedensstrategisches Investieren erst noch gelernt werden. Das Institut für Friedenspädagogik in Tübingen mit seiner hervorragenden Arbeit muss auch in diesem Sinne seine Vorreiter-Rolle spielen.

Yvonne Buschbaum

Yvonne Buschbaum, Sportsoldatin, war 2002 Deutsche Meisterin im Stabhochsprung und unterstützt die Aktion „Fair Play for Fair Life".

Gewinnen wollen wir doch alle.

Es wird behauptet, wer einen Konflikt vermeidet, ist automatisch ein Sieger. Tragt Eure Kämpfe doch sportlich fair aus und Ihr habt noch zusätzlich etwas für Euch getan, anstatt als Verlierer durch die Welt zu stolpern, indem Ihr Eure schlechtesten Waffen, nämlich Fäuste, präsentiert. Seid clever und benutzt Euern Verstand, denn dieser, wenn er gereift ist, wird unschlagbar sein!

Ich möchte den Frieden nicht nur sehen, sondern ihn in den Familien, auf Schulhöfen und eines Tages vielleicht überall auf der Welt schmecken. Möglich, dass der Friede immer in einer utopischen Welt zu Hause sein wird, doch Träume sind dazu da, sie zu verfolgen, und wir wollen unser Bestes geben, sie zu realisieren.

Christian Büttner

Prof. Dr. Christian Büttner ist Projektleiter des Arbeitsbereiches Friedenspädagogik / Konfliktpsychologie an der Hessischen Stiftung Friedens- und Konfliktforschung.

Ich habe in meiner mehr als 30 Jahre währenden Tätigkeit als Friedensforscher immer vermieden, von Friedenserziehung zu sprechen, sondern – wenn überhaupt – den Begriff Friedenspädagogik verwendet. Erziehung ist meines Erachtens etwas Praktisches, während der Begriffszusatz „Pädagogik" etwas Professionelles signalisiert. Entsprechend sind mir die programmatischen Aussagen, Empfehlungen und praktischen Vorschläge der „Friedenserziehung" zu ideell, zu beliebig und zu wenig auf das allgemein akzeptierte Wissen um Psychologie, Soziologie und politische Bildung bezogen. Ich erwarte deshalb, dass Friedenspädagogik sich deutlicher mit anderen Pädagogiken vernetzt und dieses auch entsprechend begründet.

Da ich nicht weiß, ob es jemals gelingen wird, den Zusammenhang der Makroebene der internationalen Beziehungen mit der Mikroebene des Lernens in persönlichen Beziehungen plausibel herzustellen, wünsche ich mir, dass deutlicher zwischen politischen Zielen und Strategien und solchen, die mit „Frieden" das unmittelbare Verhalten der Menschen zueinander im Auge haben, unterschieden wird. Und schließlich fordere ich auf, von der Zielvorstellung einer Gewaltlosigkeit auf allen Ebenen menschlicher Existenz abzurücken und statt dessen in die Konzepte der Friedenspädagogik den Umgang mit Gewalt so zu integrieren, dass soziale Gemeinschaften lernen, wie sie kontrollierbar wird und/oder bleibt.

Herta Däubler-Gmelin

Prof. Dr. Herta Däubler-Gmelin, Mitglied der SPD-Fraktion im Deutschen Bundestag, Bundesministerin a. D., ist Vorsitzende des Ausschusses für Menschenrechte und Humanitäre Hilfe sowie Sprecherin des Gesprächskreises Afrika und der Parlamentariergruppe Südliches Afrika.

Herzliche Glückwünsche dem Institut für Friedenspädadogik Tübingen e. V. nicht nur zum 30-jährigen Bestehen, sondern vor allem zu der hervorragenden Arbeit, die Sie in diesen drei Jahrzehnten geleistet haben.

„Der Ernstfall ist nicht der Krieg, der Frieden ist der Ernstfall!" – diese Feststellung Gustav Heinemanns hört man zwar heute nicht mehr so häufig wie in der Zeit, in der sie immer wieder mahnend ausgesprochen und politische Forderungen damit verbunden wurden. Wir alle wissen jedoch, dass es höchste Zeit wird, dass wir uns genau daran wieder erinnern, und zwar schnell. „Wir", das sind die verantwortlichen Politikerinnen und Politiker, die Medien, aber auch ein großer Teil der Bürgerinnen und Bürger bei uns in Deutschland und in Europa.

Heute hört man immer häufiger von Militär-Einsätzen unter Beteiligung der UN, der Europäer, der Deutschen: In Kosovo, Afghanistan, vor Somalia und Libanon, im Süd-Sudan, aber auch in der Demokratischen Republik Kongo. Ausdruck von imperialer Machtpolitik sind diese Militäreinsätze nicht; damit unterscheiden sie sich ganz entscheidend etwa vom völkerrechtswidrigen Krieg der USA und ihrer Koalition der Willigen im Irak. Allerdings befinden sich auch deutsche Politiker, die solche Entscheidungen mit der Begründung verbanden, „Deutschland müsse zur Normalität zurückkehren" auf einem unheilvollen Irrweg. Normal sind Militäreinsätze nie. Gerade die Entscheidungen des Bundestages für diese Einsätzen waren schmerzlich, strittig und lange erwogen. Im Einzelfall hielt auch ich sie aus den besonderen Bedingungen heraus für unvermeidbar; insgesamt konnten/können Militäreinsätze, auch die zur Hilfe in anders nicht mehr zu bewältigenden, gewaltsamen Konflikten beschlossenen, höchstens Voraussetzungen schaffen helfen, um Friedensaufbau und Frieden wieder möglich zu machen. Ausdruck des Versagens von Peacebuilding, von Stabilisierung von Institutionen und Zivilgesellschaft, von rechtzeitiger, von präventiver politischer Konfliktbewältigung sind sie allemal.

Mittlerweile gehört Peacebuilding auch zu den offiziell anerkannten Instrumenten der Vereinten Nationen: Im Rahmen der UN-Reform soll eine spezielle Kommission dafür sorgen. Allerdings zeigt das fehlende politische und finanzielle Engagement vieler Staaten auch hier wieder, wie viel Umdenken noch geleistet werden muss. Friedenserziehung ist dafür unabdingbar. Anders kann die Überzeugung von der Notwendigkeit rechtzeitiger Konflikterkennung und friedlicher präventiver Konfliktbewältigung ebenso wenig durchgesetzt werden, wie die von der Notwendigkeit des Aufbaus demokratischer, rechtsstaatlicher und stabiler Institutionen, also Peacebuilding. Die Zeit dafür drängt – das sehen wir überall.

Vorreiter für diese Arbeit ist das Tübinger Institut für Friedenspädagogik, das mit einer immer größeren Breite an Angeboten und Vorschlägen eigentlich für alle Bereiche des Zusammenlebens Möglichkeiten bietet, Kinder, junge Leute und Erwachsene vom Wert und „Ernstfall" eines friedlichen Zusammenlebens, von präventiver Konfliktregelung, Schlichtung und gewaltfreier Konfliktlösung zu überzeugen.

In meinem politischen und beruflichen Leben habe ich sehr häufig auf die Materialien und Anregungen des Instituts für Friedenspädagogik zurückgreifen können: Als Bundesministerin der Justiz nach den Schrecken von Erfurt beispielsweise auf Konzepte zur Konfliktprävention in Schulen, auf Gewaltlotsen oder auf Gewalt- und damit auch Kriminalitätsprävention im Nachbarschaftsbereich. Heute sind Ihre Konzepte und Überlegungen für meine Arbeit im Internationalen Menschenrechtsbereich besonders wichtig.

Die Zusammenhänge von Frieden und Gerechtigkeit, von Gewalt und Chancenlosigkeit, Elend und Hoffnungslosigkeit in einem globalen Wirtschaftssystem, das immer mehr und immer häufiger Verlierer produziert, müssen endlich auch in die Politik Eingang finden. Denn – der Frieden ist der Ernstfall. Den zu stabilisieren, müssen wir lernen, auch überzeugen lernen.

Dabei helfen Sie. Dafür ganz herzlichen Dank.

Georg Dürr

Dr. Georg Dürr ist Schulleiter der evangelischen Schule Talitha Kumi in Beit Jala bei Jerusalem.

Heute Abend kommt im Fernsehen die sehr „frohe" Nachricht, dass es neue Friedensinitiativen im Nahen Osten zwischen Israel und Palästina geben wird, nachdem eine Regierung der nationalen Einheit in Palästina gebildet wird. Es klingt wie Hohn, wenn man miterlebt, was sich täglich abspielt. Auch diese Bemühen werden scheitern und es wird noch schlimmer werden, wie mir führende israelische Politiker versichert haben.

Es gibt wohl keine Gegend in der Welt, in der so viel Geld in Friedensinitiativen investiert wird, wie hier in Palästina und es gibt auch keine Stelle, an der es so wenig Frieden gibt. Warum?

Die Menschen werden von einander getrennt, so dass sie keine positiven Erfahrungen miteinander machen können, die Erziehung der Menschen wird nicht darauf abgestellt, gegenseitige positive Beziehungen aufzubauen, sie ist beherrscht vielmehr von der Pflege von Vorurteilen und von einem sehr kurzsichtigen tagespolitischen Machtgewinn.

Der Frieden zwischen Frankreich und Deutschland ist gelungen, weil weitsichtige Persönlichkeiten die Menschen zueinander gebracht haben. Im Nahen Osten werden die Menschen durch zehn Meter hohe Mauern voneinander getrennt. Nur wenn es den Menschen ermöglicht wird, miteinander konstruktive Beziehungen aufzubauen, kann belastbares Vertrauen entstehen. Wir in Talitha Kumi versuchen die Beziehungen zwischen Christen und Muslimen konstruktiv zu gestalten, und würden uns wünschen, dass in diesen Prozess auch die Juden mit einbezogen werden könnten. Nur wenn dieses Projekt Erfolge zeigt, kann es hier zu einem guten Miteinander kommen.

Der Verein für Friedenspädagogik hat sich in 30 Jahren einen Namen gemacht durch seine differenzierte Sichtweise und durch sein Bemühen, Menschen zusammen zu bringen. Dafür möchte ich den Verantwortlichen danken und ihnen die Kraft wünschen, auf diesem Weg weiter zu gehen.

Gernot Erler

Gernot Erler, Mitglied der SPD-Fraktion im Deutschen Bundestag, ist Staatsminister im Auswärtigen Amt.

Eine professionelle und kontinuierliche „Erziehung zum Frieden" ist unverzichtbar, um Friedenspolitik mehrheitsfähig zu machen. Eine kluge, vorausschauende, präventive Friedenspolitik hat es schwer: Sie ist kompliziert, wenig spektakulär, sie produziert keine Bilder, bedient keine Vorurteile und man kann sich kaum mit ihr profilieren. Wer will sich mit Krisen und Konflikten befassen, die verhindert werden konnten? Bis heute widmen sich die Medien und die Geschichtsbücher den Schlachten. Damit orientieren sie darauf, was zählt. Aber eine Welt, die den Eindruck erweckt, sie nimmt nur ernst, was mit Gewalt vorangetrieben wird, hat keine Zukunft. „Erziehung zum Frieden" heißt, auf der Basis dieser Erkenntnis für das Andere zu sensibilisieren: für die Bedeutung von gerechter Verteilung, Chancengleichheit und Vermeidung von Demütigung und Ausgrenzung; für eine Gesellschaft, die Interessenkonflikte gewaltfrei regelt; für die Chance, im Dialog und über Verhandlungen Konflikte zu entschärfen; für die Unverzichtbarkeit von Rechtsordnungen, von Völkerrecht und internationalen Regelwerken und Verträgen als Alternative zum Faustrecht des Stärkeren. Das klingt alles sehr nach großer, globaler Politik. Friedensfähigkeit und Friedensbereitschaft fängt aber im Alltag, in der persönlichen Umgebung an. Deswegen setzt die Erziehung zum Frieden aus gutem Grund genau dort an.

Johannes Esser

Prof. (em.) Dr. Johannes Esser, lehrte am Fachbereich Sozialwesen der Fachhochschule Lüneburg.

Friedenspädagogik ist mit dem Teilbereich Friedenserziehung als Fachdisziplin und Lernfeld weder eine Mode noch sind diese Bereiche einem oberflächlichen Zeitgeist zuzuordnen. Nach dem Zweiten Weltkrieg etwa, also schon vor über 60 Jahren, erörtern Entwicklungsansätze und weiterführende Begründungskonzepte der Friedenspädagogik wiederholt ihren dauerhaft gültigen subjektiven, gesellschaftlich-politischen und öffentlichen Stellenwert und Zukunftsauftrag.

Friedenspädagogik heute hat in der gesellschaftlichen und institutionenbezogenen Ebene beispielsweise als traditionelle inhaltliche Aufgabe in den verschiedenen Ebenen die Auseinandersetzung mit Friedensproblematiken, Friedensimplikationen, gesellschaftlichen und subjektiven Gewaltstrukturen und Gewaltalternativen sowie mit Konfliktanalysen, Konfliktstrategien und Mediationskonzepten durchzuführen und fortzusetzen.

Neben diesen umfangreichen Kernbereichen mit ihren jeweiligen Herausforderungen sind für die Friedenspädagogik drei innovative Aufgaben erforderlich: Einzuführen sind hierzu die Grundlegung der Friedensbildungsstrukturen, ferner die der Gewaltminderungskonzepte mit alternativen Methoden zur Gewaltprävention sowie schließlich Entwicklungsarbeiten für eine Friedenspädagogik im Sinne eines Auffangnetzes, dem außerschulisch theoretisch und praktisch eine Alltagsfriedensarbeit zuzuordnen ist.

Was muss im Umfeld von Friedenspädagogik geändert werden? Seit Jahren ist die qualifizierte materielle Förderung von Friedenspädagogik für Ausbildung und Beruf unzureichend. Weder in der Bundespolitik noch durch Bundesländer wird Friedenspädagogik regelmäßig gefördert, ebenso wenig geschieht dies in breiterem Rahmen durch einschlägige Forschungseinrichtungen mit erziehungs- und sozialwissenschaftlichen Forschungsschwerpunkten und -projekten. Nicht zuletzt wird die institutionelle Verankerung der Friedenspädagogik in professionellen Ausbildungskonzepten und Curricula für ErzieherInnen, LehrerInnen, SozialarbeiterInnen und SozialpädagogInnen an Fachschulen, Fachhochschulen, Pädagogischen Hochschulen bzw. Universitäten vernachlässigt oder auch ignoriert.

Der gesellschaftliche Stellenwert von Friedensbildungspotenzialen und die erarbeiteten Konflikt-, Toleranz- und Friedensfähigkeiten werden offensichtlich auch hier für eine unverzichtbare demokratische Stabilisierung und demokratische Weiterentwicklung verkannt.

Diese aber wären bei einer jeweiligen institutionellen Ausprägung und Gestaltung durch nachrückende Generationen als wesentliche Elemente einer Friedenskultur zu definieren.

Richard Friedli

Prof. (em.) Dr. Richard Friedli, Chaire de Science des Religions, Faculté des Lettres, Universität Fribourg.

Zu Beginn des 21. Jahrhunderts, für welches die Prognose von der „Zeit der Religionen" (André Malraux) und vom „Kampf der Kulturen" (Samuel P. Huntington) gewagt worden ist, ist die Befähigung zur gewaltverminderten, aber luziden Kommunikation eine notwendige Kompetenz. Ich verstehe die friedenspädagogische Plattform von Tübingen als ein Laboratorium zum Einüben eines solch risikoreichen Lebensstils.

Dazu scheint mir – gerade in den gesellschaftlich-politischen Prozessen, in denen es um „Wahrheit und Versöhnung" geht –, dass heute die Entwicklung von Ritualen der Vermittlung, des Vergebens und der Versöhnung eine entscheidende Herausforderung ist. Die kognitiv-argumentative Vergangenheitsbewältigung und prophetische Zukunftsproklamation sind zwar wichtige Vorgaben – und die Arbeit an ethischen, globalisierbaren Leitplanken im Alltags- und Konfliktverhalten ist unumgänglich. Sie ist aber – gerade in den 30 vergangenen Jahren auch in der Tübinger Friedenspädagogik – schon weitgehend lokal und global erbracht worden. Aber brauchbare Rituale zur individuellen und kollektiven Versöhnung mit sich selber, mit Mitmenschen und zwischen Ethnien und religiösen Traditionen scheinen mir aber weitgehend zu fehlen. Die „Trust-Studies" möchten ergründen, wie gerade nach Krisen, Konflikten und Kriegen das Vertrauen gegen das Misstrauen progressiv aufgebaut werden kann.

Die gesellschaftlichen Mechanismen, die wirtschaftlichen Vorgaben und die politischen Rahmenbedingungen von Konfliktanalysen und von Friedensprojekten sind sicherlich bisher äußerst kompetent erarbeitet worden. Es scheint mir aber, dass es nötig wird, mit Mediatorinnen und Mediatoren noch intensiver nach Methoden des inneren Persönlichkeitstrainings, des emotionalen Copings und der Stressverarbeitung zu suchen. Zu einer solchen Arbeit am persönlichen Ur-Vertrauen und gegen das eigene Ur-Misstrauen – sowohl im mentalen und praktischen Alltag als auch in Katastrophensituationen – scheint mir für die nächsten 30 Jahre das Tübinger Institut für Friedenspädagogik noch manche Projekte gestalten zu müssen.

Aus meinen vorausgehend formulierten Gedanken wird es wohl ersichtlich, dass ich davon überzeugt bin, dass die bisherigen friedenspädagogischen Arbeiten sich zwar sehr intensiv und kompetent mit der Sorge um die individuelle Ich-Stärkung beschäftigt haben, aber die komplexen Arbeitsfelder um die kollektiven Identitäten noch wenig angegangen worden sind. Vermutlich sollten künftig die demographischen Rahmenbedingungen von Konflikt- und Friedensarbeit noch intensiver berücksichtigt werden.

Anne Frommann

Dr. Anne Frommann war Akademische Rätin am Institut für Erziehungswissenschaften der Universität Tübingen.

Das Institut für Erziehungswissenschaften – unterteilt in mehrere Arbeitsbereiche – ist ein anerkannter Teil der altehrwürdigen Tübinger Universität. Sicher ist es nicht so bedeutend wie die forschungsintensive Medizin und Biochemie. Es braucht keine Laboratorien und ist sehr zufrieden mit dem ältesten Hochschul-Gebäude aus dem 16. Jahrhundert. Wenn sich auch vielleicht die Kinder seitdem nicht vollkommen verändert haben, ihre Erziehung und Bildung, ihr Aufwachsen in der Gegenwart und ihre Vorbereitung auf gesellschaftliche Aufgaben bietet genügend Herausforderungen für Studierende und Lehrende.

Das Institut für Friedenspädagogik ist ein Unikat, ein „Kind" friedensbewegter Jahre, inzwischen bewährt und ausgezeichnet, unterstützt von weit blickenden Bürgern, eine öffentliche Einrichtung mit privatem Träger, unabhängig und weise sich selbst begrenzend auf die Aufgaben, denen es gewachsen ist. Nach Jahrzehnten in einem winzigen Altstadthaus residiert es noch nicht lange luftig und leicht auf einem Tübinger Hügel.

Was soll ein Vergleich der beiden Institute klären? Ist es die Wissenschaft, die den Raum schafft und professionelle Kräfte heranzieht für die „richtige" Erziehung der jeweils nächsten Generation? Und ist es die Anwendung gesicherten Wissens auf einem Teilgebiet der Pädagogik, die ein eigenes Seminar rechtfertigt? Ich meine, beides stimmt nur zu einem kleinen Teil. Eigentlich müssten beide Institute sich vereinigen und ein Beispiel abgeben für die Untrennbarkeit von Wissenschaft und Praxis, gleichzeitig aber auch für die einigende Kraft, die vom Frieden als einzigem Ziel aller Pädagogik ausgeht. Sind wir doch die erste Generation, die den im Grundgesetz verankerten Zusammenhang von Demokratie und Frieden zu verstehen und zu befolgen versucht. Ohne Frieden ist alles nichts. Entweder wir lernen das und lehren es die Generation, die nach uns verantwortlich leben muss, oder wir hängen die gesamte Pädagogik an den Nagel der Sinnlosigkeit. Alle wichtigen Entwicklungen pädagogischen Denkens und Handelns der letzten Jahrzehnte sind eigentlich Friedenspädagogik: Das soziale Lernen, die Untrennbarkeit von Politik und Erziehung, die Mediation als Methode und als Konflikt-Schlichtung, die Aufklärung über Gewalt, Aggression, Destruktion und Terror, die reflexive Einübung der eigenen Anteile an Konflikten für Erwachsene und Jugendliche, die Geschlechter-Pädagogik, die Erkenntnis des Zusammenhangs weltpolitischer Interessen von Nationen und „Blöcken" mit erklärten oder unerklärten Kriegen. Dem wäre noch sehr Vieles hinzuzufügen.

Dank sei dem Institut für Friedenspädagogik in Tübingen dafür, dass es mit seinem Namen zufrieden ist, obwohl es eigentlich „Institut für die einzig mögliche Pädagogik" heißen müsste.

Cornelia Füllkrug-Weitzel

Pfarrerin Cornelia Füllkrug-Weitzel ist Direktorin der Aktion „Brot für die Welt" und Vorsitzende des Dachverbandes der protestantischen Hilfswerke in Europa.

Friedenspädagogik kann FriedensstifterInnen eine Stimme geben: Weltweit setzen sich Partner von „Brot für die Welt" in verschiedenen Projekten für Frieden und zivile Konfliktbearbeitung ein. Friedenspädagogisch Tätige können diese Erfahrungen zugänglich machen und den vielen FriedensstifterInnen in der Welt eine Stimme geben. Gesellschaft und Politik in Deutschland erhalten auf diesem Weg die Möglichkeit, die Akteure in den Konfliktländern wahrzunehmen und von ihnen zu lernen.

Friedenspädagogik ist nicht nur etwas für Menschen in Konfliktregionen, sondern eine globale Bewusstseinsbildungsaufgabe: Nur wenn die beteiligten Konfliktparteien sich Friedensprozesse zu eigen machen, Frieden von innen wächst, kann nachhaltiger Frieden erzielt werden, pflegen wir zu sagen. Aber: Wo ist „außen" in der globalisierten Welt? Bei Konflikten über Ressourcen wie Erdöl und andere Bodenschätze sind wir viele Akteure in unterschiedlicher Art und Weise beteiligt und in der Pflicht: Abnehmerländer, internationale Organisationen und die VerbraucherInnen. Sie alle müssen einen Beitrag zur nachhaltigen Veränderung der Situation leisten und die Voraussetzungen für kreative Friedensprozesse in Konfliktregionen schaffen.

Medien müssen Teil einer Kultur des Friedens werden: Berichterstattung über Gewalt und Krieg dominiert die Nachrichten in Presse, Funk und Fernsehen. Friedenspolitisch gebildete Journalisten sehen mit anderen Augen und vermitteln andere Perspektiven als Kriegberichterstatter. Deshalb muss Friedenspädagogik Eingang in die Aus- und Fortbildung von Medienschaffenden finden.

Friedenspädagogische Maßnahmen sollen sich auch gezielt an PolitikerInnen wenden: Über Sinn und Unsinn von Bundeswehreinsätzen wird endlos debattiert. Maßnahmen der zivilen Krisenprävention und Konfliktbearbeitung führen dagegen ein Schattendasein in Deutschland. Obwohl in einem Aktionsplan der Bundesregierung verankert, sind sie leider nicht Gegenstand öffentlicher Debatten und entwickeln sich nur sehr langsam. Damit sie sich entwickeln können, braucht es kreative, mutige und friedensgebildete PolitikerInnen.

Friedenspädagogik soll Hoffnung geben und zum Handeln ermutigen: Gewaltsame Konflikte haben komplexe Ursachen und lange Geschichten – es gibt keine einfachen Lösungen und Rezepte. Angesichts der Ungerechtigkeiten, der Komplexität der Konflikte und der übermächtigen Akteure sind Gefühle der Empörung und Frustration, der Hilflosigkeit und Hoffnungslosigkeit weit verbreitet. Friedenspädagogik soll Hoffnung und Perspektiven schaffen, die Menschen zum Handeln bewegen – auch dann, wenn die Auswege aus der Gewalt nicht sichtbar sind.

Eine dynamische Friedenspädagogik, die Gerechtigkeit und Frieden in der einen Welt im Blick hat, kann in den Köpfen und Herzen der Menschen die Grundlagen schaffen, damit sich Frieden entwickeln kann.

Gebhard Fürst

Dr. Gebhard Fürst ist Bischof der Diözese Rottenburg-Stuttgart und Mitglied im Nationalen Ethikrat.

Im Friedenswort der Deutschen Bischöfe finden sich Sätze, die heute drängender und aktueller denn je sind: „Wer den Frieden will, muss für den Frieden bereit sein. Friede ergibt sich nicht von selbst." (Nr. 108) Der Friede fängt bei jedem Menschen selbst an.

Es geht um Friedensbereitschaft, die jeder in seinem Herzen trägt. Es geht um die Bekehrung der Herzen, wenn es Streit gegeben hat, es geht um den Weg von der Streitlust zur Friedfertigkeit. Nur wer Friedensbereitschaft in seinem Herzen trägt, ist fähig, Frieden zu schaffen. Daher ist eine konkrete Erziehung zum Frieden so wichtig: Denn wenn die Bereitschaft und auch die Fähigkeit im Kleinen heranwachsen und gefördert werden, ist es auch möglich, dass es Frieden zwischen Gruppen, Kulturen, Ländern und Frieden weltweit gibt. Wir alle sind daher aufgerufen und eingeladen, Dienste der Versöhnung zu übernehmen, konkrete Fähigkeiten zum Frieden einzuüben und so zu einem ganz neuen Frieden beizutragen. Eine Welt, die sich dabei an der beispielhaften und heilsamen Versöhnungspraxis Jesu orientiert, wird wirklich zur neuen Schöpfung.

Dass das Tübinger Institut für Friedenspädagogik e. V. hierfür seit nunmehr 30 Jahren ein konkretes Beispiel gibt, erfüllt mich mit Freude und ist ein starkes Zeichen der Hoffnung. Durch Ihr Handeln, die Friedfertigkeit und -fähigkeit einzuüben und die Schritte zur Versöhnung gehen zu lernen, geben Sie ein anstiftendes Beispiel für die kommenden Generationen.

Ich gratuliere herzlich zum Jubiläum und wünsche Ihnen und uns allen in diesem Sinne noch viele gute Jahre der Friedenspädagogik.

Petra Gerster

Petra Gerster ist Journalistin und moderiert seit August 1998 die 19-Uhr-„heute"-Sendung des ZDF.

In all jenen Regionen, von denen die Abendnachrichten täglich Gräuel und Elend berichten, gibt es auch Menschen, die gleichzeitig voller Optimismus an Lösungen arbeiten. Deren Einsatz weist in die Zukunft: Es sind die Helden und Heldinnen der neuen globalen Zivilgesellschaft. Ihre persönlichen Geschichten, ihre Methoden und Erfolge bereitet das Institut für Friedenspädagogik in Tübingen als anschauliches Material für Schule und Erwachsenenbildung auf. Besonders Kinder und Jugendliche brauchen lebensnahe, anfassbare Vorbilder.

An ihnen können sie sich orientieren, um angesichts von gesellschaftlichen Problemen nicht zu verzagen, um Zuversicht zu fassen, dass Lösungen möglich sind – wenn man danach sucht. Deshalb möchte ich dem Institut für Friedenspädagogik anlässlich seines 30-jährigen Jubiläums für diese Arbeit ganz herzlich danken!

Renate Grasse

Renate Grasse, Pädagogin M.A., ist Mitarbeiterin der Arbeitsgemeinschaft Friedenspädagogik München e.V. und Vorstandsmitglied der Arbeitsgemeinschaft für Friedens- und Konfliktforschung.

Angenommen, es gäbe eine internationale vergleichende Studie – eine Art PISA-Studie – über den Kenntnisstand der Kinder und Jugendlichen über Menschenrechte, Friedensprobleme und Friedensstrategien, über die Breite und Qualität ihrer Handlungsoptionen bei individuellen und gesellschaftlichen Konflikten, über den Grad ihrer Einmischung in politische Prozesse. An welcher Stelle in der Weltrangliste für diesen Bildungsbereich würde Deutschland stehen? Und wenn der Platz in der Mitte oder weiter unten läge, wäre das ein Anlass zur Scham, würde es gar als Bildungskatastrophe gedeutet?

Ja, was wäre dann? Zum einen würde sich in einer solchen Studie eine hohe Wertschätzung für Friedenserziehung ausdrücken, denn eine vergleichende Untersuchung leistet sich eine Gesellschaft nur über das, was ihr wichtig erscheint. Zum anderen wäre die Friedenspädagogik in weit höherem Ausmaß als vor 30 Jahren in der Lage, Friedensfähigkeit auszudifferenzieren und Wege zu beschreiben, wie sie wachsen kann. Und zum dritten wäre zu hoffen, dass über der Studie nicht vergessen wird, dass zur Friedenserziehung auch Unermessliches gehört, zum Beispiel das Entwicklungspotenzial der Begegnung mit Anderen und die Zuversicht durch gemeinsames Handeln.

Rita Haller-Haidt

Rita Haller-Haidt ist Mitglied des Landtages von Baden-Württemberg und frauenpolitische Sprecherin der SPD-Landtagsfraktion.

Er drängt sich nicht auf beim Lesen der täglichen Zeitung, der Zusammenhang zwischen den vielen bewaffneten Konflikten in der Welt und einem Institut in der Tübinger Corrensstraße. Aber an diesem Zusammenhang arbeitet das Institut für Friedenspädagogik seit nun 30 Jahren. Dabei ist sein großes Verdienst, dass es unermüdlich deutlich macht, dass Frieden in den Köpfen der Menschen beginnt. Und zwar nicht erst in den Köpfen von Diplomaten und Diktatoren, sondern in den Köpfen von uns allen. Daher ist die tägliche Arbeit gegen Gewalt an Schulen, gegen zunehmende Toleranz gegen Rechtsextremismus, für Wege der Konfliktbewältigung und der Gewaltprävention so unverzichtbar und wichtig. Nicht trotz der existierenden Kriege, sondern wegen ihnen. Der amerikanische Schriftsteller Kurt Vonnegut, der in den späten Sechzigerjahren mit einem Buch über die Bombardierung Dresdens bekannt wurde, beschreibt eine Szene, in der er sagt, er wolle ein Anti-Kriegs-Buch schreiben. Die Frau eines Veteranen meint, er solle doch besser ein Anti-Gletscher-Buch schreiben, oder eines gegen schlechtes Wetter. Genau diese Haltung dürfen wir nicht zulassen und daher freue ich mich über jeden Baustein, den das Institut für Friedenspädagogik dazu beiträgt, dass wir erkennen, dass Krieg nicht unvermeidlich und Frieden möglich ist.

Hildegard Hamm-Brücher

Dr. Hildegard Hamm-Brücher, Staatsministerin a. D., ist Gründungsvorsitzende der Theodor-Heuss-Stiftung.

Sehr geehrte Damen und Herren,
zu Ihrem 30. Jubiläum möchte ich Ihnen als Gründungsvorsitzende der Theodor-Heuss-Stiftung von ganzem Herzen gratulieren und für Ihr drei Jahrzehnte langes unermüdliches Engagement danken.

Man könnte wünschen, dass es in jedem Land und in jeder Stadt ein Institut für Friedenspädagogik gäbe, damit die Menschen in aller Welt endlich begreifen, dass es gilt, ihre Konflikte friedlich zu lösen.

In diesem Sinne wünsche ich Ihnen, auch für Ihre zukünftige Arbeit, weiter viel Erfolg in Ihrem Wirkungsbereich und verbleibe in herzlicher Verbundenheit

Ihre
Dr. Hildegard Hamm-Brücher

Heike Hänsel

Heike Hänsel ist Mitglied der Fraktion DIE LINKE im Deutschen Bundestag und Mitglied im Ausschuss für wirtschaftliche Zusammenarbeit und Entwicklung.

Weltweite Militärinterventionen sind heute „selbstverständlich", Instrumente ziviler Konfliktlösungen in der offiziellen Politik kaum entwickelt. Auch die Gewaltzustände innerhalb unserer Gesellschaft nehmen zu. Jugendliche, wir alle, brauchen aber konkrete Beispiele und Vorbilder für gewaltfreies Handeln, für kreative, zivile Konfliktlösungen, innerhalb von Beziehungen, in unserer Gesellschaft, weltweit. Diese Friedensbeispiele kommen viel zu wenig vor in der Öffentlichkeit, in den Medien – im Gegenteil sind diese geprägt von Gewalt und Krieg. Friedenserziehung kann dazu ein Gegengewicht bilden, Friedenserfahrungen vermitteln, Beispiele aufzeigen, Haltungen verändern, zu Einmischung und aktivem Handeln ermutigen – langsam aber beständig. Friedenserziehung muss fester Bestandteil schulischer Bildung werden als Beitrag zu einer Kultur des Friedens. Ich gratuliere sehr herzlich zu 30 Jahren Friedenspädagogik!

Andrea Haupt

Andrea Haupt ist Musikerin und Regisseurin.

Für mich fängt Frieden im ganz Kleinen mit mir selbst an; wenn diese bedingungslose Annahme meiner selbst gelingt, strahlt Frieden auf die Gruppe, die Gemeinschaft, ja auf die ganze Menschheit.

Als Kulturschaffende im Bereich Musik und Theater ist Friedenserziehung mein tägliches Brot. Jede Theater- und Musikprobe mit Jugendlichen, Studierenden oder KollegInnen ist Friedensarbeit, ein soziales Miteinander-Tun für eine übergeordnete Aufgabe.

Besonders gerne denke ich an unsere Aufführung mit dem Institut für Friedenspädagogik im Rahmen der Ökumenischen Friedensdekade Rottenburg „Recht ströme wie Wasser" zurück. Der Journalist Andreas Zumach, der Rezitator Christian Hörburger und unser Ensemble FlautoVocale stellten Texte und Musik zu den Themen „Krieg und Frieden" zusammen; dieses wichtige Zusammenwirken aus Kunst und Politik im öffentlichen Raum braucht noch eine viel größere Aufmerksamkeit in der Gesellschaft. Für neue Projekte sind wir stets aufgeschlossen und knüpfen gerne an diese gute Erfahrung an.

Das Institut für Friedenspädagogik hat sich mir immer mit einer kreativen und kritischen Stimme mitgeteilt, diese Stimme darf und muss noch lauter werden, sie muss überall gehört werden; denn Friedenserziehung ist die Zukunft der Menschheit.
Viel Glück und Energie Euch Engagierten!

Winfried Hermann

Winfried Hermann, Mitglied der Bundestagsfraktion Bündnis 90/Die Grünen, ist unter anderem verkehrs- und sportpolitischer Sprecher der Fraktion und Mitglied im Sportausschuss.

Ich erinnere mich noch ganz genau: Es war Mitte der 70er Jahre, als ich erfuhr, dass ein Forschungsprojekt zur Friedenserziehung mit damaligem Sitz in der Brunnenstraße in Tübingen aufgrund fehlender Weiterförderung eingestellt werden müsse. Ein Verein solle gegründet werden, um das Ganze irgendwie weiterzuführen!

Ich konnte mir nicht vorstellen, dass unter Vereinsbedingungen Friedenserziehung und Forschung gedeihen könnten. Für mich war das ein ziemlicher Schock, denn als Student der Politikwissenschaft war die Zusammenarbeit mit dieser Projektgruppe ein Lichtblick, das Sinnvollste, was ich bis dahin im ach so theoretischen Politikstudium erlebt hatte.

30 Jahre später muss man sagen, dass der Verein Fantastisches geleistet hat, vor allem seine MitarbeiterInnen: zahlreiche Publikationen, Kampagnen und Projekte, eine breite Palette von Büchern und anderen Medien zu Nachhaltigkeit oder fairem Handel bis hin zu Globalisierung. Allesamt wissenschaftlich gestützte pragmatische Handlungsanleitungen für einen nachhaltigen Frieden.

Glückwunsch! Und große Anerkennung!

Wolfgang Huber

Bischof Dr. Wolfgang Huber ist Vorsitzender des Rates der Evangelischen Kirche in Deutschland.

„Alles fließe von selbst – Gewalt sei ferne den Dingen." So lautet das Lebensmotto des evangelischen Theologen Johann Amos Comenius (1592–1670). Dabei zeigt die Lehre des Comenius, dass konkrete Programme der Erziehung und Bildung zum Frieden von einem realistischen Menschenbild ausgehen müssen, wenn sie nachhaltig Wirkung erzielen wollen. Der Zeitgenosse des Dreißigjährigen Krieges nahm keine idealistischen, sondern konkrete, praxisfähige Lernschritte in der Richtung des Friedens in den Blick. In dem pädagogischen Programm von Comenius ist die Einsicht in die ursprüngliche Zusammengehörigkeit von Praxis und Theorie, von Pädagogik, Politik und der Lehre vom Frieden (Eirenik) fest verankert. Sie scheint in dem Thema der aktuellen ökumenischen „Dekade zur Überwindung von Gewalt" (2001–2010) genauso nachzuklingen, wie sein Lebensmotto ein passendes Leitwort für die bisher drei Jahrzehnte während Arbeit des Instituts für Friedenspädagogik ist.

Die Evangelische Kirche in Deutschland ist für die bewährte partnerschaftliche Kooperation mit dem Institut für Friedenspädagogik in Tübingen sehr dankbar. Die Aktion „Brot für die Welt" und die Schulprojektstelle Globales Lernen will ich stellvertretend für viele Partner auf kirchlicher Seite nennen. Die Zusammenarbeit ist im Lauf der Zeit so selbstverständlich und unentbehrlich geworden wie das gewaltlos von selbst fließende Wasser, das für Comenius ein ebenso anschauliches wie leistungsfähiges pädagogisches Modell abgab.

„Ausgangspunkt für alles, was die Kirche tun kann, um für den Frieden zu bilden, ist das Gebet um den Frieden und die lebendige Verkündigung des Evangeliums […] Jeder Gottesdienst kann und soll zum Frieden bilden." So heißt es in der Denkschrift Frieden wahren, fördern und erneuern der Evangelischen Kirche in Deutschland (EKD) aus dem Jahr 1981. Diese Sätze treffen auch nach einem Vierteljahrhundert noch zu. Heute sind zahlreiche Angebote der Kirchen im friedenspädagogischen Bereich in den Rahmen der Dekade zur Überwindung von Gewalt eingebettet. Sie steht bewusst in zeitlicher und inhaltlicher Entsprechung zu der für den gleichen Zeitraum angesetzten UN-Dekade für eine Kultur des Friedens und der Gewaltlosigkeit für die Kinder der Welt. Diese Parallelität und Entsprechung will die Zusammenarbeit fördern, Synergieeffekte freisetzen, kreative Horizontüberschreitungen ermöglichen. Zu nachhaltiger Erziehung und Bildung für den Frieden können die Kirchen nur dann beitragen, wenn sie nicht im binnenkirchlichen Raum verharren, sondern Partnerschaften begründen: mit Politik, Wirtschaft und Wissenschaft und denjenigen Akteuren der Zivilgesellschaft, die bereit sind, sich für den Frieden und die Überwindung der Gewalt einzusetzen.

Als höchstes Ziel des Instituts für Friedenspädagogik ließe sich sicher formulieren, dass es überflüssig werde. Das wäre dann der Fall, wenn der Frieden sich von selbst verstünde. Davon sind wir jedoch weit entfernt. Die unausweichliche Konfrontation mit Gewalt, Krieg und religiös motivierten Konflikten lässt den Wert friedenspädagogischer Arbeit immer wieder ins Bewusstsein treten. Wir werden deshalb die Arbeit dieses Instituts noch lange brauchen.

Ich wünsche dem Institut für Friedenspädagogik eine gute Zukunft und auch weiterhin eine vertrauensvolle Zusammenarbeit mit der evangelischen Kirche, geleitet von den friedenspädagogischen Impulsen des großen Comenius.

Felix Huby

Felix Huby ist Schriftsteller und Drehbuchautor, unter anderem von zahlreichen Folgen der Krimireihe „Tatort" (Kommissare Palu und Bienzle).

„Ein Kind zu erziehen ist leicht", sagt Werner Schneyder, „schwerer ist es manchmal, das Ergebnis zu akzeptieren." Bei der Erziehung zum Frieden sollten wir dieses Risiko nicht scheuen. Jeder, auch der kleinste Schritt ist wichtig, wenn es um die Einsicht geht, dass man für den Frieden lernen und arbeiten muss – unablässig und ohne nachzulassen.

Frank Otfried July

Bischof Frank Otfried July ist Landesbischof der Evangelischen Kirche Württemberg.

„Wie machen Menschen Frieden?" – So ist die Jubiläumsveranstaltung des Instituts für Friedenspädagogik überschrieben. Ich freue mich, dass sich Menschen in Tübingen seit dreißig Jahren in besonderer Weise immer wieder neu aufmachen, Wege zum Frieden zu suchen und gratuliere zum Jubiläum. Denn „machen" können werden wir Menschen den Frieden nicht. In der Bibel ist Schalom das ganze Gelingen allen Lebens und dem Reich Gottes vorbehalten. Aber wie viel ist schon möglich, wenn sich Menschen auf den Weg zur Verständigung machen, Wege suchen, damit „Gerechtigkeit und Frieden einander küssen" (Psalm 85, 11)! Wenn das unter uns denn gelingt, dann werden wir doch berührt von der Friedlosigkeit andernorts, denn als Glieder am Leib Christi leiden wir mit denen, die Gewalt und Krieg unterworfen sind. Den Impuls dafür, immer wieder neu und unverdrossen zum Frieden hin aufzubrechen setzt dabei Gott selber frei, unser Fragen nach ihm, unser Blick auf ihn, den wir in Christus erkennen.

Weil wir vom Frieden wissen, der „höher ist als alle Vernunft", können wir alle Vernunft in die Friedensforschung und Friedenspädagogik einsetzen. Diese Welt hat diese Vernunft bitter notwendig, denn die Friedlosigkeit und Gewaltbereitschaft feiert jeden Tag neue Triumphe. Mit dieser „Kultur des Todes" wollen wir uns nicht abfinden.

Ziele setzen und sie nach getaner Arbeit abhaken gehört zu unserer Zeit. Der Weg zum Frieden aber will immer wieder neu begangen sein, auch wenn sein Ende nicht in unserem Blick ist, aber in unserer Sehnsucht lebt: „Amen, komm Herr Jesus!" (Offenbarung 22,20).

Marie-Luise Kling-de Lazzer

Dr. Marie-Luise Kling-de Lazzer ist Dekanin des Kirchenbezirks Tübingen der Evangelischen Landeskirche in Württemberg.

Ich wünsche mir von der Erziehung zum Frieden insbesondere
- die Befähigung junger Menschen zum sprachlichen Austragen von Meinungsverschiedenheiten und zum angemessenen sprachlichen Umgang mit Provokationen,
- die Förderung des Dialogs zwischen verschiedenen Kulturen und Religionen,
- das Erlernen eines realistischen Umgangs mit der Angst,
- einen Beitrag dazu, dass Menschen den heilenden Charakter von Erinnerungen erfahren sowie
- nicht müde zu werden, Jesu Gebot der Feindesliebe in seiner provokativen und heilenden Kraft zu tradieren.

Der Schwerpunkt der Friedenserziehung liegt nicht in der Ermahnung zum Frieden, sondern in der Anleitung zum gewaltfreien Umgang mit Konflikten. Dazu gehört die Förderung der Sprachfähigkeit und das Erlernen von gewaltfreien symbolischen Handlungen.

Die Bildungsarbeit des Instituts für Friedenspädagogik ist Öffentlichkeitsarbeit im Sinne und Geist der Evangelischen Kirche. Wir unterstützen diese Weise der Einmischung in die Gesellschaft.

Herzlichen Glückwunsch zum Geburtstag!

Margarete E. Klotz

Margarete E. Klotz ist Gesangspädagogin und Konzertsängerin.

Wenn der Ursprung deiner Gedanken, Worte und Taten aus der Liebe deines Herzens entspringt wird es Frieden geben, egal in welche Religion du hineingeboren bist.

Frieden bedeutet eins sein mit dem göttlichen Funken, der in allen Menschen, gleich welcher Hautfarbe, Herkunft und Religion, in allen Tieren, in allen Pflanzen, in der gesamten Schöpfung des Universums existiert und brennt.

Die Liebe ist das einzige Gesetz, dem wir untergeordnet sein sollen. Wenn alle Menschen dieses Gesetz achten und wertschätzen wird Frieden auf Erden sein und nur dann.

Hans Koschnik

Hans Koschnik war Mitglied des Deutschen Bundestages, Bürgermeister von Bremen und bis 1996 Beauftragter der EU für den Wiederaufbau der bosnischen Stadt Mostar.

Trotz der bitteren Erfahrungen im letzten Jahrhundert werden bei Konflikten in der Gesellschaft und zwischen den Nationen vorzugsweise Mittel der Gewalt zur Lösung von Konflikten eingesetzt, statt vernunftgemäßer Suche nach einvernehmlichen Ergebnissen. Die vielbeschworene Friedfertigkeit erweist sich dabei mehr als einmal nur als rhetorischer Beschwichtigungsversuch; hier bewahrheitet sich oft genug die alte biblische Mahnung „an den Früchten, nicht an den Worten sollt ihr sie erkennen". Die Gegenwart belegt jedenfalls, dass nach wie vor militärische Stärke sowie wirtschaftliche Überlegenheit immer noch als Mittel zur Durchsetzung eigener Anliegen genutzt werden. Der Versuch, mit Mitteln vernunftgemäßer Argumentation und belegbarer Dokumentation zu einer vertraglichen Lösung zu kommen, wird zwar beschworen, aber zu selten in der Praxis der Zeit umgesetzt.

Pessimisten bezeichnen diese Situation schlicht als „gottgegeben", denn der Mensch und damit die Gesellschaft, in die er hineingestellt ist, sei halt so, wie wir sie vorfinden. Das ist törichtes Zeug. Fehlentwicklungen können durch vernunftgemäßes und verständigungsorientiertes Verhalten des Einzelnen bzw. seiner staatspolitischen Gemeinschaft aufgehalten, verändert oder auch in ein positives Gegenteil verkehrt werden.

Sachgerechte Aufklärung strittiger Sachverhalte, Abbau emotionaler Vorurteile und Streben nach Gewaltlosigkeit sind mögliche Voraussetzungen für einverträgliche Lösungen. Sie müssen nur von beiden Seiten gewollt sein. Diese Bemühungen können durch einen Prozess gefördert werden, den ich gerne „Friedenserziehung" nenne. Ich bin überzeugt, dass man schon in jungen Jahren durch eine auf Verständigung gerichtete Pädagogik mit gelebter Vorbildhaftigkeit den Weg der Heranwachsenden bestimmen und auch späteren Jahrgängen die Sinnhaftigkeit der Friedenspädagogik vermitteln kann. Dann sind praktische Schritte zu einem zivilisierten – also gewaltfreien – Neben- und Miteinander möglich; sie werden wegen des Begründungsdrucks auch zu einem Umdenken bei den Politikentscheidungen der Regierungen und Volksvertretungen niederschlagen.

Gewaltlosigkeit nicht als Ausnahme sondern als Regel freiheitlicher, rechtsorientierter und auf Gerechtigkeit gerichteten Politik wird durch Friedenserziehung glaubwürdig.

Hans Küng

Prof. (em.) Dr. Hans Küng war Professor für ökumenische Theologie an der Universität Tübingen und ist Präsident der Stiftung Weltethos.

Mit meinen Glückwünschen zu den erfolgreichen 30 Jahren des Instituts für Friedenspädagogik verbinde ich den Wunsch, die Friedenskräfte gerade der Religionen, die andererseits so viel Feindschaft, Hass und Gewalt verbreiten, zu wecken und zu fördern. Die Aufgabe stellt sich in der heutigen dramatischen Weltsituation besonders im Hinblick auf den Islam, wo auf beiden Seiten viele Vorurteile verbreitet sind.

Viele Christen wissen kaum, dass die koranischen Aussagen über Krieg und Gewalt nur relativ wenige Verse umfassen und dass sehr viel häufiger als das Wort „djihad" die Worte Barmherzigkeit und Frieden vorkommen. Gott ist nach dem Koran nicht der Kriegsherr (dies ist kein Name Gottes!), sondern, wie schon in den (von Muslimen zur Eröffnung jedes Gebetes oder jeder Rede zitierten) ersten Worten der Eingangssure geoffenbart, „der Erbarmer, der Barmherzige". Zu seinen 99 Namen gehören so friedvolle Attribute wie der Feinfühlige, der Langmütige, der Liebevolle, der Gnädige, voll von Vergebung. Zudem ist der „Islam" (Unterwerfung, Ergebenheit), den der Mensch Gott entgegenbringen soll, vom selben Wortstamm gebildet wie „Frieden" (salam). Unter Muslimen gilt deshalb der Gruß: „Friede sei mit dir".

Für Christen, Muslime, Juden und alle anderen ist in unserer Zeit eine Pädagogik der Friedfertigkeit gefordert: individuell wie kollektiv, für die Kinder wie ihre Eltern, für die Religionsgelehrten wie die Politiker. Friedensbeschwörungen allein reichen freilich nicht aus. Es bedarf mühseliger und langjähriger Anstrengungen. Die Pädagogik der Friedfertigkeit muss unterstützt werden durch eine Pragmatik der Friedfertigkeit.

Felicia Langer

Felicia Langer ist Anwältin und Trägerin des Alternativen Nobelpreises (Right Livelihood Award).

Ich komme aus dem Brandherd Nahost, eine Israelin, die in Deutschland, in Tübingen, ein geliebtes Zuhause gefunden hat, die kämpft für Frieden in Israel-Palästina, gegen den Kult des Krieges, für die Kultur des Friedens.

Die israelische völkerrechtswidrige Besatzung der palästinensischen Gebiete (und auch der syrischen) ist schon fast 40 Jahre alt. Die israelischen Friedenskräfte wehren sich dagegen und versuchen eine zivile Gesellschaft zu entwickeln und zu überzeugen, dass Krieg und Gewalt keine Lösung, sondern das Problem sind.

Eine Erziehung für Frieden, die das Institut fördert, ist ein Imperativ in der Welt der Glorifizierung der militärischen Lösungen von Konflikten. Generationen von Menschen aller Zeiten haben von einer Welt ohne Kriege geträumt. Unsterblich sind die Worte des Propheten Jesaja: „Dann schmieden sie Pflugscharen aus ihren Schwertern und Winzermesser aus ihren Lanzen. Man zieht nicht mehr das Schwert Volk gegen Volk und übt nicht mehr für den Krieg." (Jes. 2,4)

Afghanistan, Irak, Libanon und Israel-Palästina erzählen eine furchtbare Geschichte. Auf den Trümmern in Südlibanon sterben noch heute Menschen durch Streubomben, die 72 Stunden vor dem Waffenstillstand durch die israelische Armee abgeworfen wurden.

In so einer Welt ist es doch ein Segen, dass es ein Institut für Friedenspädagogik gibt, das für eine Erziehung für die Kultur des Friedens plädiert.

Soll man eine „kriegsunfähige" Gesellschaft entwickeln! Wie gewinnbringend für den Weltfrieden wird es sein!

Ich grüße Sie herzlich zum Jubiläum und wünsche Ihnen viel Erfolg in Ihrem so wichtigen Einsatz. Und am Ende möchte ich sagen: „United we can!"

Berthold Meyer

Prof. Dr. Berthold Meyer ist Gründungsmitglied der Tübinger Arbeitsgruppe Friedensforschung und des Vereins für Friedenspädagogik. Er arbeitet als Projektleiter bei der Hessischen Stiftung Friedens- und Konfliktforschung und lehrt am Zentrum für Konfliktforschung der Philipps-Universität Marburg.

Bundespräsident Köhler hat in seiner „Berliner Rede" am 21. September diesen Jahres „Bildung für alle" gefordert und dies mit einer Vielzahl guter Argumente begründet: Vieles davon, angefangen von der Verhütung schulischer Gewalt und die Bedeutung der Bildung, um die eigene Urteilskraft zu schärfen, damit man zwischen Gut und Böse zu unterscheiden vermag, über die Herausbildung von Empathie und Solidarität bis zum schulischen Islamunterricht in deutscher Sprache ließe sich auch in einem Forderungskatalog zur Friedenserziehung niederschreiben. Doch wenn man Köhlers Redemanuskript nachliest, wird man den Begriff der Friedenserziehung darin vergeblich suchen. Dies soll kein Tadel sein, denn möglicherweise stößt der Bundespräsident dank seiner Autorität damit mehr an, als wenn Friedenspädagogen ein Positionspapier dazu veröffentlichen.

Trotzdem zeigt diese Leerstelle in der Begrifflichkeit des Bundespräsidenten, wie schwer es noch oder wieder ist, Aufmerksamkeit für eine am Frieden orientierte Erziehung zu finden. Wurde die Keimzelle des Instituts für Friedenspädagogik, die Tübinger Arbeitsgruppe Friedensforschung, bei ihren Bemühungen, Unterrichtsmodelle in Schulen zu erproben, Mitte der 1970er Jahre von der Kultusbürokratie noch verdächtigt, als

„rote Zelle" den Wehrkunde-Erlass zu unterwandern und zur Kriegsdienstverweigerung aufzurufen, so flaute das Interesse an der Friedenserziehung mit dem Ende des Ost-West-Konfliktes erst einmal ab, ähnlich, wie auch die Friedensbewegung an Zulauf verlor. Heute sind Konzepte der Friedenserziehung vor allem gefragt, wenn es darum geht, Gewalt in der Schule und im Alltag zu verhindern. Doch wo werden sie angefordert, um die zunehmende Gleichgültigkeit unserer Gesellschaft gegenüber einer Bundeswehr aufzubrechen, die mittlerweile nahezu rund um den Globus im Einsatz ist, ohne dass ernsthaft nachgefragt wird, ob das immer dem Frieden dient oder welchen anderen Interessen?

Monika Niederle

Monika Niederle ist Präsidentin der Internationalen Gesellschaft für erzieherische Hilfen (FICE, Fédération Internationale des Communautés Educatives).

Frieden schließen, in Frieden leben – man möchte meinen, das wäre ein selbstverständliches Streben aller Menschen, ohne dass erst dazu erzogen werden muss. Frieden bedeutet Sicherheit, Geborgenheit – ein Gefühl, ohne das ein Kind nicht gedeihen kann.

Krieg und Streit machen es notwendig, Kindern etwas zurück zu geben, was wir Erwachsenen ihnen genommen haben. Ihnen mit pädagogischen Mitteln Wege zu weisen in eine Zukunft ohne Kampf und Streit, sie zu lehren, Lösungen im Dialog zu suchen, das ist Aufgabe der Friedenspädagogik. Eine Gesellschaft, die den Krieg nicht verhindern kann, darf sich der Friedenspädagogik nicht verschließen. An dem Tag, an dem die letzte Waffe niedergelegt wird, an dem sich die letzte Faust öffnet und die Hand zum Gruß dargeboten wird, ist die Mission der Friedenspädagogik erfüllt.

Wilhelm Nolte

Wilhelm Nolte, ehemaliger Berufsoffizier, ist wissenschaftlicher Dokumentar und Leiter von draft fachlektorat frieden und Vorstandsmitglied der Arbeitsgemeinschaft für Friedens- und Konfliktforschung.

Angehen, zupacken, dranbleiben. So mag das Motto der „Tübinger" lauten. Sie sind ihm 30 Jahre treu. Über die 30 Jahre hinaus hat ihre Arbeit Modellwert, für mich wenigstens.

Über weniges weiß mensch so wirre Vieles wie über „Erziehung". Gleich wirre viel weiß mensch noch zu „Frieden". Friedenserziehung muss wirre Vielfalt im Doppelpack sein. Zu nichts von alledem doppelt Wirren weiß mensch Genaues, Konkretes, Sicheres, Beständiges.

„Alles ist im Fluss", Erziehung ein Strömen, besser: Wirbelströmen. Alle rühren drin rum, wirbeln mit: Mütter, Väter, Onkeln, Tanten, Geschwister, Gesellen, Meister, Lehrer, Studienräte, Dozenten, Professoren, Räte, Senatoren, Ministeriale, Minister, Strategen, Politiker, Parteien, Parlamente, Fraktionen, Koalitionen, Journalisten, Pfarrer, Bischöfe, Theologen, Pädagogen. Wie stark, wie stabil, wie selbstgewiss müssen „Zöglinge" sein, um sich in solchem Wirbelströmen über Wasser zu halten?

„Alles ist im Fluss", auch Frieden ein Strömen, besser: Wirbelströmen: Die wildesten Friedenswirbel nennt mensch Hausfrieden, Familienfrieden, Kriegfrieden, Diktatfrieden, gerechter Frieden – oder rückwärts gewendet: Friedenshaus – ummauerter Frieden, Friedensfamilie – gewaltfreier Raum wenigstens im Kleinformat, Friedenskrieg – Krieg für Frieden, Friedensdiktat – Frieden zum Herrschen und Gehorchen, Friedensrecht – wenigstens Recht, wenn nicht Frieden, usw.

Frieden ist – nach 30 Jahren stetiger Friedenserziehungsarbeit der „Tübinger", nach 400 Jahren Westfalenfrieden, nach 2000 Jahren kirchlicher Friedensverheißungen – immer noch mehr Traum als Fakt. Derart Ungewissem voranhelfen wollen, derart Verwir(r)beltes in gleichförmiges Strömen leiten wollen, wird kaum anders zu leisten sein als über Angehen, Zupacken, Dranbleiben – in den unzähligen „Welten", in denen mensch lebt und denkt. Immerhin erstehen so kleine Friedenswelten, kleine Welten Frieden. Ihnen wünscht mensch Fortbestehen.

Günther H. Oettinger

Günther H. Oettinger ist Ministerpräsident des Landes Baden-Württemberg und Landesvorsitzender der CDU.

„Gesegnet sind, die auf Erden Frieden stiften", hat William Shakespeare einmal gesagt. In diesem Sinne gratuliere ich den Verantwortlichen, allen Mitarbeiterinnen und Mitarbeitern, Freunden und Förderern des Institut für Friedenspädagogik Tübingen e. V. sehr herzlich zum 30-jährigen Jubiläum.

Seit drei Jahrzehnten ist das ift beständiger und engagierter Mahner, der auf die besondere Notwendigkeit nachhaltiger Friedenserziehung aufmerksam macht. Angesichts der beunruhigenden Gewaltpotenziale in vielen Teilen der Erde sowie in unserer eigenen Gesellschaft durch Rechtsextremismus, Jugendgewalt, Gewalt gegen Frauen und Kinder und häufiger Gewaltdarstellung in den Medien, sind die Herausforderungen, denen sich die Friedenspädagogik zu stellen hat, nicht geringer geworden. Wir alle, ob in Politik, Wissenschaft oder Wirtschaft, tragen gemeinsam mit den Eltern Verantwortung dafür, dass nachkommende Generationen sicher und beschützt aufwachsen können.

Für sein Engagement um den Frieden spreche ich dem Institut für Friedenspädagogik Tübingen e. V. meinen Dank für die in 30 Jahren geleistete Arbeit aus und wünsche für die weiteren Jahre des Wirkens im Interesse einer friedlicheren Gesellschaft weiterhin viel Erfolg!

Boris Palmer

Boris Palmer ist Mitglied des Landtages von Baden-Württemberg, stellvertretender Vorsitzender der Fraktion „Bündnis 90 / Die Grünen" und im Oktober 2006 neu gewählter Oberbürgermeister der Stadt Tübingen.

Mir gefällt, dass das Institut für Friedenspädagogik Frieden nicht nur als hehres Ziel pflegt, sondern auch ganz lebenspraktisch deutet. Frieden machen kann jede(r). Das Institut bietet dazu vielfältige mediale Unterstützung und mehrt den Ruf der Friedensstadt Tübingen.

Danke und auf die nächsten 30 Jahre. Alles Gute!

Gunter A. Pilz

Prof. Dr. Gunter A. Pilz lehrt am Institut für Sportwissenschaft der Universität Hannover und ist Lehrbeauftragter für Jugendgewalt, Gewaltprävention und sport-, körper- und bewegungsbezogene Soziale Arbeit an der Evangelischen Fachhochschule Hannover.

30 Jahre Institut für Friedenspädagogik, 30 Jahre intensivster Bemühungen für eine friedlichere Gesellschaft. Herzlichen Glückwunsch und ebenso herzlichen Dank dafür.

Ob die Welt seither friedlicher geworden ist, mag dahingestellt sein. Richtig ist jedenfalls, dass Bemühungen für den Frieden heute genauso dringend erforderlich sind wie vor dreißig Jahren und dass wir in diesen Bemühungen nicht locker lassen dürfen. Gerade auch im Bereich des Sports, dem Propagandisten des Fair Play und der olympischen Idee des Friedens, wird uns immer wieder vor Augen geführt, wie wichtig Erziehung zum Fair Play und das Engagement gegen Diskriminierung und Rassismus auch im Sport sind.

In diesem Sinne wünsche ich dem Institut für Friedenspädagogik für die nächsten 30 Jahre ein weiterhin erfolgreiches und unbeirrtes Bemühen um eine friedlichere Welt und biete hierfür auch weiterhin meine Unterstützung an.

Botho Priebe

Botho Priebe ist Direktor des Instituts für schulische Fortbildung und schulpsychologische Beratung des Landes Rheinland-Pfalz.

Seit fast dreißig Jahren bin ich der Arbeit des Instituts für Friedenspädagogik bzw. des früheren Vereins für Friedenspädagogik in Tübingen verbunden in gemeinsamer Wertorientierung für Frieden und Freiheit, für Menschenwürde und soziale Gerechtigkeit, für Solidarität und Nachhaltigkeit. Im Rahmen unserer Zusammenarbeit in Schule und Lehrerbildung haben sich unsere Wege immer wieder in fruchtbarer Zusammenarbeit gekreuzt; dabei sind qualifizierte Handlungsmodelle und Materialien, Fachtagungen und Seminare für Schule und Unterricht, für Lehrerausbildung und Lehrerfortbildung entstanden.

Friedenspädagogik ist schon lange kein isolierter und unter den Bedingungen des vergangenen „Kalten Krieges" vielfach belächelter Arbeitsbereich der „Gutmenschen" mehr. Mit der größten Selbstverständlichkeit wird heute der Anspruch eines humanen und sozial gerechten Bildungswesens vorgetragen, dem wir in Deutschland, wie wir seit PISA wissen, nicht immer entsprechen; mit der größten Selbstverständlichkeit arbeiten wir an zivilgesellschaftlichen Verhältnissen in unserem Land, auch wenn rechtsextreme Pendelausschläge und Gewaltbereitschaft unter Heranwachsenden zur Zeit viel Sorge bereiten; mit der größten Selbstverständlichkeit treten wir Deutschen, die insbesondere im vergangenen Jahrhundert unsägliches Elend und Leid in die Welt gebracht haben, seit Jahrzehnten dafür ein, dass sich das „NIE WIEDER" ereignet, nie wieder vorkommt.

Wir haben eine Menge gelernt, und die Friedenspädagogik ist in den Jahrzehnten ein immer wichtigerer und zugleich auch immer selbstverständlicherer Anspruch an Bildung und Erziehung geworden.

Das Institut für Friedenspädagogik ist für viele Lehrkräfte, Schulen und Fortbildungsinstitute, für Studienseminare und Hochschulen ein kompetenter, engagierter und verlässlicher Partner gewesen und ist es weiterhin. Das Institut hat in den großen theoretischen Diskursen zur Friedens- und Sicherheitspolitik der vergangenen Jahrzehnte Stand gehalten und dabei vor allem die Frage im Blick gehabt, wie arbeiten wir darüber mit Schülerinnen und Schülern, Studierenden und Lehrkräften. Die Gebrauchswerte der Arbeit waren immer auf innovative und aufgeklärte Praxis gerichtet, die in den „Mühen der Ebenen unseres Bildungswesens" neue Perspektiven und Alternativen aufzeigten.

Heute, zum dreißigjährigen Bestehen des Instituts, möchte ich in den vielen Jahren der Zusammenarbeit inne halten und allen ein herzliches DANKE sagen. Wir im Bildungswesen brauchen das Institut für Friedenspädagogik auch in den nächsten Jahrzehnten. Die Nachkriegszeit mit ihren eigenen Strukturen, Mentalitäten und Konflikten, mit Kaltem Krieg und globaler Konfrontation ist zu Ende. Damit sind die großen Weltkonflikte und ihre Folgen für die jeweils innergesellschaftlichen Verhältnisse aber keineswegs beendet; wir stehen in neuen und vielfach noch nicht richtig überschaubaren Konfliktfeldern und Bedrohungszonen. Internationaler Terrorismus mit seinen vielfältigen Ursachen, „Kampf der Kulturen", die Globalisierung und ihre Opfer sowie viele,

viele (alte) und neue drängende bis katastrophische Zuspitzungen verunsichern uns – teilweise bis zur Hilflosigkeit. Wir im Bildungswesen bemühen uns darum, einen Beitrag dazu zu leisten, dass es freier und friedlicher, gerechter und nachhaltiger, solidarischer und sozialer in der Welt zugeht – wenigstens in unserem Land. Dazu muss die Friedenspädagogik ihren Beitrag leisten, und dazu brauchen wir alle das Institut für Friedenspädagogik. Hartmut von Hentig hat auf die Frage, was Bildung sei, geantwortet: „Die Sachen klären, die Menschen stärken!". Das ist zugleich ein Leitsatz für die Friedenspädagogik, wie wir sie bisher verstanden haben und wie wir sie weiterhin leisten müssen.

Ich wünsche Euch, dass Ihr so qualifiziert und erfolgreich aber zugleich auch so glaubwürdig und kollegial weiterarbeitet und an Zuspruch, Nachfrage und Bedeutung gewinnen werdet.

Arnulf Rating

Arnulf Rating ist Kabarettist und spielte vor seiner Solokarriere in dem legendären Trio „Die drei Tornados".

Wir Deutsche setzen uns natürlich für den Frieden ein. Denn wir haben aus zwei Weltkriegen gelernt. Deshalb verteidigen wir unsere Freiheit jetzt auch weltweit, zum Beispiel am Hindukusch, am Horn von Afrika, im Kongo und im Nahen Osten. Ansonsten geht es uns gut, denn wir sind friedlich und von Freunden umgeben. Selbst Russen sind heute unsere Freunde und sponsern bei uns einen Fußballklub. Ja, mit Putins Russland verbindet uns vieles, zum Beispiel eine dicke Gasleitung. Und Gas hat in der deutschen Politik immer schon eine große Rolle gespielt. Putin ist schließlich – wie einmal ein deutscher Kanzler sagte – ein „lupenreiner Demokrat". Manche von uns finden vielleicht nicht ganz in Ordnung, was Putins Truppen in Tschetschenien machen, aber wir erfahren da ja auch nicht mehr so viel – es gibt ja kaum noch jemanden, der darüber berichtet. Für uns ist sowieso klar: Menschenrechte gehen vor. Wenn wir mit Chinesen Geschäfte machen, sprechen wir das auch regelmäßig an.

Und Seite an Seite mit unseren Freunden aus den USA kämpfen wir gegen den Terror, denn der bedroht unseren Frieden. Wir können den Frieden nur erhalten, wenn wir zu Opfern bereit sind. Das ist ein schwerer Weg. In Afghanistan herrscht trotz unseres Einsatzes leider immer noch kein Frieden. Und im Irak sollen bereits über 600.000 Menschen dem Kampf gegen den Terror zum Opfer gefallen sein. Wir haben ja gleich gesagt, dass wir da nicht mitmachen. Trotzdem helfen wir natürlich der CIA, wenn irgendwelche Terroristen zum Verhör geflogen werden müssen. Ehrensache! Denn wir bekämpfen Terroristen konsequent. Irgendwann kriegen wir auch Kerle wie diesen Bin Laden. Wenn wir dann noch den verrückten Perverser Ahmadinedschad oder diesen Kim il Bumm in Nordkorea mit seiner Atombombe erwischen und die Hisbollah-Milizen entwaffnet haben, dann kehrt vielleicht langsam auf diesem Planeten wieder Ruhe und Frieden ein. Wir arbeiten daran. Um dieses Ziel zu erreichen, exportieren wir Deutschen auch immer mehr Waffen. Und wir nehmen sie konsequent denen weg, die damit nicht richtig umgehen. Dafür haben wir jetzt endlich ein robustes Mandat. Wie gesagt, wir sind für den Frieden. Mit großem Einsatz.

Auch in unseren Schulen hat deshalb Friedenserziehung einen großen Stellenwert. Neben der Rechtschreibung.

Helmut Rau

Helmut Rau, Mitglied der CDU-Fraktion im Landtag von Baden-Württemberg, ist Minister für Kultus, Jugend und Sport des Landes Baden-Württemberg.

Ein friedliches Zusammenleben müssen Kinder von klein auf lernen: in der Familie, in der Schule, auf dem Spielplatz, im Verein. Wer von Kindesbeinen an darin geübt ist, Konflikte gewaltfrei zu lösen, wird sich darin auch als Erwachsener leichter tun. Streit, Auseinandersetzung, Rivalität, Konkurrenz wird es dennoch geben. Aber wer gelernt hat, dass Gewalt nur die schlechteste aller Möglichkeiten ist, wird sich um gewaltfreie Lösungen bemühen.

Ich bin froh, dass immer mehr Kinder und Jugendliche in unseren Kindergärten und Schulen an Programmen wie „Faustlos" teilnehmen oder sich zum Streitschlichten ausbilden lassen. Mögen manche Gleichungen, manche Formeln, manche Vokabeln auch nicht ein Leben lang im Gedächtnis haften bleiben: Eine Haltung erwerben, die zum friedlichen Miteinander befähigt, heißt fürs Leben lernen.

Eberhardt Renz

Eberhardt Renz, Landesbischof a. D., ist Mitglied des Präsidiums des Ökumenischen Rates der Kirchen.

Auf einem der vielen Soldatenfriedhöfe in der Normandie ist die Aussage von Albert Schweitzer zu lesen: „Die Soldatengräber sind die großen Prediger des Friedens." Wird ihre Predigt überhaupt gehört? Und kommt sie nicht zu spät, wenn Krieg – das Gegenteil von Frieden – seine Opfer schon gefordert hat?

Von klein auf und dann in jeder Lebensphase sind wir Menschen herausgefordert, zu entdecken, zu lernen und zu üben, wie wir Frieden stiften können. Das Institut für Friedenspädagogik in Tübingen versucht anzugehen gegen unsere angeborene Angst vor anderen, unser vorschnelles Misstrauen gegenüber dem Fremden, unseren mangelnden Mut, Farbe zu bekennen. Es tut dies mit vielen Beispielen, klugen Ideen, gemeinsamem Nachdenken und praktikablen Materialien. Es hilft, Fähigkeiten zu entdecken, Bereitschaft zu fördern, Beharrlichkeit zu stärken, die für den Frieden unentbehrlich sind.

Wir alle sind auf solche „Nachhilfe" angewiesen, denn „der Friede ist ein Baum, der eines langen Wachstums bedarf" (Antoine de Saint-Exupery). Ich möchte ernst nehmen, was bei der letzten Vollversammlung des Ökumenischen Rates der Kirchen in Porto Alegre im Februar 2006 unter dem Aufruf zur Neuverpflichtung für die 2. Hälfte der Dekade zur Überwindung von Gewalt geschrieben war: „Nichts zeichnet einen Christen so sehr aus als dies: Friedensstifter zu sein" (Basilius der Große).

Volker Rittberger

Prof. Dr. Volker Rittberger, Abteilung Internationale Beziehungen / Friedens- und Konfliktforschung, Institut für Politikwissenschaft an der Eberhard Karls Universität Tübingen, ist Vorsitzender der Deutschen Stiftung Friedensforschung und ist Gründungsmitglied des Vereins für Friedenspädagogik Tübingen e. V.

In Frieden und Demokratie leben ist eine immerwährende Herausforderung für menschliche Gemeinschaften und, wenn sie praktisch verwirklicht werden, eine zivilisatorische Errungenschaft, die nicht selbstverständlich ist; häufig genug ist sie wiederkehrenden Bewährungsproben ausgesetzt, die nicht immer erfolgreich bestanden werden. Das Wissen und Können, wie man in Frieden und Demokratie lebt, wird nicht mit der Geburt, sondern in gelingenden Sozialisationsprozessen erworben. Einen wesentlichen Beitrag zu diesen Sozialisationsprozessen leistet die Friedenspädagogik, indem sie Individuen und Gruppen kognitiv, emotional und praktisch fit macht, Konflikte im gesellschaftlichen und zwischengesellschaftlichen Zusammenleben auszuhalten und konstruktiv mit ihnen umzugehen.

Friedenspädagogik und Friedensforschung bilden ein System kommunizierender Röhren: Friedenspädagogik trägt entscheidend dazu bei, dass es zum Transfer wissenschaftlichen Wissens über die Ursachen gewaltsamen Konfliktaustrags und die Bedingungen und Wege friedlichen Wandels in die Gesellschaft kommt. Umgekehrt melden die Erfolge ebenso wie die Sackgassen friedenspädagogischer Praxis der Friedensforschung einerseits Ermutigung für eingeschlagene Forschungswege, andererseits gravierende Forschungslücken zurück. Dieses wechselseitige Aufeinanderangewiesensein von Friedensforschung und Friedenspädagogik wird in Wissenschaft, Pädagogik und Politik noch nicht ernst genug genommen.

Beispielhaft gilt dies für die Forschung über die Möglichkeiten und (Miss-)Erfolgsbedingungen ziviler Krisenprävention und -intervention, in der friedensfördernde oder -schaffende Bildungsmaßnahmen bislang noch zu wenig thematisiert wurden. Der Aufbau tragfähiger Strukturen und Prozesse des Kennenlernens und der Einübung gewaltfreier Formen des Umgangs mit Konflikten in Vor- oder Nachkriegsgesellschaften und die Reflexion der dabei gemachten Erfahrungen legen eine engere Zusammenarbeit von Friedensforschung und Friedenspädagogik nahe. Gerade bei der Ausbildung von Friedensfachkräften, insbesondere für den Einsatz in zivilen Friedensdiensten, wie in von der Deutschen Stiftung Friedensforschung u. a. an der Universität Tübingen geförderten Masterstudiengängen sind Friedensforschung und Friedenspädagogik gut beraten, wechselseitige Hilfestellung anzubieten und anzunehmen.

Als Gestalter des Vermittlungsprozesses zwischen Friedenspädagogik und Friedensforschung kommt dem Institut für Friedenspädagogik Tübingen in Deutschland eine herausragende Stellung zu. Mit zwei Projektförderungen durch die Deutsche Stiftung Friedensforschung – „Friedensgutachten 2004 didaktisch" und CD-ROM „Peace Counts. Die Erfolge der Friedensmacher" – und durch zahlreiche andere Fördermaßnahmen Dritter hat das ift weithin Anerkennung gefunden. Diese teils institutionellen, teils projektabhängigen Förderungen der Friedenspädagogik in Deutschland sind angesichts vielschichtiger, teilweise hoch gefährlicher Konfliktlagen im eigenen Land, in Europa und in der Welt kein Luxus, sondern eine Investition in die Zukunft eines gemeinsamen Lebens in Frieden und Demokratie.

Annette Schavan

Dr. Annette Schavan, Mitglied der CDU/CSU-Fraktion im Deutschen Bundestag, ist Bundesministerin für Bildung und Forschung.

In der heutigen Zeit wird wieder verstärkt deutlich, wie wichtig und wertvoll ein Leben in Frieden und Freiheit für jeden Menschen ist. Vor allem Bürgerkriege und terroristische Bedrohungen machen vielen Menschen in der Welt das Leben schwer. Um Frieden dauerhaft zu sichern, reicht daher die Abwesenheit von Krieg in seiner hergebrachten Definition nicht mehr aus. Vielmehr ist eine vollständige Abkehr von gewaltsam ausgetragenen inner- und zwischengesellschaftlichen Konflikten notwendig. Die Friedenspädagogik leistet einen wichtigen Beitrag dieses Ziel zu erreichen. Die Erziehung zum friedlichen Umgang mit- und untereinander muss auch in Zukunft im Mittelpunkt des gesellschaftlichen Handelns stehen.

Michael Schmid

Michael Schmid ist Sprecher der Landesgruppe Baden-Württemberg des Internationalen Versöhnungsbundes.

In unserer Welt gibt es unterschiedliche Formen von Gewalt und Unrecht. Stichwortartig seien z. B. genannt: Kriege, Folter, Armut, Hunger, Raubbau an Ressourcen, aber auch Mobbing und Stalking, sowie die drohende Klimakatastrophe.

Friedenspädagogik soll zur Veränderung dieser unfriedlichen, ungerechten und bedrohten Welt beitragen. Sie soll persönliche Gewaltbereitschaft vermindern, Gewaltstrukturen in zwischenmenschlichen Beziehungen, in allen gesellschaftlichen Bereichen und in der Staatenwelt aufdecken und abbauen helfen.

Wir brauchen eine Art „Gegenaufklärung" zur häufig vorherrschenden Gewaltfixierung, welche eine große Masse gewaltloser Phänomene oft gar nicht mehr als solche erkennen lässt. Deshalb sollten wir den Blick auf Möglichkeiten und Methoden gewaltfreier Konfliktbearbeitung lenken. Dafür braucht es Menschen, die diese Methoden kennen, sie praktizieren und weitergeben können, etwa beim Umgang mit Gewalt in Schule, Jugendarbeit oder im ganz persönlichen Bereich. Notwendig ist auch die Vermittlung von gewaltfreien Vorbildern und gewaltfreien Kampagnen: etwa die Entkolonialisierung Indiens unter Mahatma Gandhi, die Bürgerrechtsbewegung gegen Rassendiskriminierung in den USA mit Martin Luther King, der Protest der Frauen 1943 in der Berliner Rosenstraße während der Nazidiktatur. Oder auch der gewaltlose Protest im östlichen Teil Europas Ende der 80er Jahre, der binnen kürzester Zeit die diktatorischen Herrschaftssysteme zum Einsturz brachte. Die direkten gewaltfreien Aktionen vor Atomraketenstellungen und Atomkraftwerken der Bundesrepublik sind ebenso Beispiele. Es geht also um Beispiele, die zeigen: Aktive Gewaltfreiheit und Zivilcourage kann gelernt und eingeübt werden. Das mutige Handeln von einzelnen Menschen kann etwas ins Rollen bringen, worauf viele kaum zu hoffen wagen. So trägt Friedenspädagogik zum Einmischen in aktuelle und zukünftige Konflikte bei und ermutigt zum Handeln.

Walter Schwenninger

Walter Schwenninger, pensionierter Lehrer, war von 1983 bis 1985 Abgeordneter der „Grünen" im Deutschen Bundestag.

30 Jahre gibt es nun den Verein für Friedenspädagogik. (K)ein Grund zum Feiern!

So lange gibt es schon die unermüdlichen FriedensfreundInnen in der Tübinger Unterstadt, in der Bachgasse mit dem Symbol des Stahlhelms als Blumentopf überm Eingang bis zum Elfenbeinturm in der Corrensstraße, wo vorm Eingang die Kämpfer mit dem Brett vorm Kopf verbissen sich in den Haaren liegen. Was haben die FriedensstifterInnen nicht alles erdacht, erstritten, publiziert für Schulklassen und Erwachsenenbildung in der ganzen BRD im Kampf gegen Atomraketen, Rüstungsexporte, Rassismus, Intoleranz , Vorurteile und vor allem für eine gerechtere Welt. Vieles gelang, vieles gibt es noch zu tun.

Der Weg zum Frieden währt noch lange: Vorgestern wurde in der Südwest-Presse die erste deutsche Kampfbomberpilotin gepriesen. Vor Kurzem wurde die Entsendung deutscher U-Boote ins Mittelmeer als deutscher Beitrag zum Nahostkonflikt im Bundestag beschlossen, der Afghanistaneinsatz der Bundeswehr verlängert, die Kongo-Mission hochgelobt, und die bündnisgrüne Ex-Staatssekretärin Kerstin Müller forderte den Darfureinsatz gegen die Regierung im Sudan. Menschen, die sich mit Dynamit umgürten und andere in den Tod hineinziehen, gibt es immer mehr auf dieser Erde. Weltweit werden jährlich über 950 Milliarden für Krieg und Rüstung ausgegeben, um die ungerechte Weltwirtschaftsordnung zu erhalten.

Bei den Rüstungsexporten hat unser Land immer noch Platz 4 mit 3,8 Milliarden EURO.

Doch es gibt auch viele positive Beispiele für gelungene Friedensprojekte, und da werden unsere FriedensstreiterInnen aus Tübingen in Zukunft weiter am Ball bleiben: Zum Beispiel bei der Fußball-WM in Südafrika, wo der Flüchtlingskontinent Afrika mit seinen Konflikten um Rohstoffe beleuchtet werden wird. Genau so wie in Peking, wo bei den Olympischen Spielen 08 die Frage nach den Menschenrechten gestellt wird und vor allem die unmenschlichen Arbeitsbedingungen ein Thema werden müssen.

In den Schulen wird innerhalb der UNO-Dekade für nachhaltige Entwicklung nicht nur in Tübingen vieles gesagt werden, wie nachhaltiges Wirtschaften zum Erhalt dieses Planeten unter Achtung der Menschenrechte aussehen muss. Dabei ist es wichtig, Menschen vom Süden überhaupt zu kennen. Die Schule „Fey Alegria" in Villa El Salvador in Peru, die Partnerschule des hiesigen Uhlandgymnasiums, kann als Beispiel dafür gelten, wie das Motto „Voneinander Lernen" in die Tat umgesetzt wird: Der Biogarten unserer Freunde dort versorgt die Schulmensa mit Gemüse und Kräutern. Ein kleiner Schritt zum Frieden auf lokaler Ebene.

Doch Hauptaufgabe wird sein: Das militärische Denken als Konfliktlösungsstrategie weltweit – auch in der UNO – zurückzudrängen. Neben der Ächtung und Abschaffung aller Atomwaffen müssen als nächstes die Großwaffen folgen: Die unsinnigen und Unsummen verschwendenden U-Boote, wo Deutschland Marktführer ist. Was könnte man alles mit diesem

Geld im Kampf gegen den Hunger bewirken. Der Brandt-Bericht ist da immer noch aktuell. Wenn unser Institut für Friedenspädagogik im Jahre 2016 dafür in Stockholm mit den anderen Organisationen, ähnlich der Landminenkampagne, den Friedensnobelpreis bekommt, wäre ich gerne mit dabei.

Dieter Senghaas

Prof. Dr. Dieter Senghaas lehrt Friedens-, Konflikt- und Entwicklungsforschung an der Universität Bremen und ist Ehrenvorsitzender des Stiftungsrates der Berghof Stiftung für Konfliktforschung.

Eine komplex gewordene und, unschwer prognostizierbar, eine an Komplexität weiterhin zunehmende Welt verlangt erhebliche Anstrengungen für eine realitätsgerechte Orientierung von Individuen und von Kollektiven in solchem Umfeld. Bekanntlich provoziert Unübersichtlichkeit Lernpathologien, und diese verstärken geradewegs einen ohnehin in komplexer Umwelt drohenden Realitätsverlust mit all den Konsequenzen einer allermeist konterproduktiven Machtpolitik. Es ist die Aufgabe von Friedensforschung, solcher Regressionsgefahr bzw. tatsächlicher Regression durch weltkundige und somit erfahrungswissenschaftlich ausgerichtete Analysen entgegenzuwirken. Und es ist die Aufgabe von Friedenspädagogik, darauf aufbauend eine milieugerechte Vermittlungsarbeit zu inszenieren: Von Sachanalysen inspiriert, gilt es, didaktisch reflektierte, einprägsam gestaltete Aufklärungsarbeit zu leisten. Daß diese auch die Sinneswelt und die Welt der Gefühle aufrühren muß und also nicht einseitig kopflastig sein darf, fordert nicht nur die Theorie, sondern wird auch durch jedwede Alltagserfahrung bestätigt. Denn bekanntlich wirkt die affektive Abwehr beharrlich dem entgegen, was zu kognitiven Dissonanzen führen könnte, weshalb weltoffenes Lernen, übrigens auch in der Wissenschaft selbst, so mühsam ist. In solchem schwierigen Terrain von Wissens- und Gemütsbildung hat sich Friedenspädagogik mehr denn je zu bewähren.

Small is beautiful: Das gilt auch für das Tübinger Institut für Friedenspädagogik und seinen vielfältig ausstrahlenden, immer wieder beeindruckend innovativen Aktivitäten, einschließlich der multimedialen Angebote für Schulen, Jugendarbeit und Erwachsenenbildung. Herzlichen Glückwunsch zum 30-jährigen Jubiläum! Und vor allem: Mögen die Inspirationen für eine eindrucksvolle Friedensarbeit weiterhin sprudeln.

Burkhard Steinmetz

Burkhard Steinmetz, Theologe und Buchhändler, war in den Gründungsjahren Geschäftsführer des Vereins für Friedenspädagogik Tübingen e. V.

Als ich in den siebziger Jahren bei der AG Friedensforschung an der Uni Tübingen begann, Unterrichtsmodelle für die Friedenserziehung zu entwickeln, als wir uns in die Erwachsenenbildung, in die Jugendarbeit, in die Lehrerfortbildung, in kirchliche und gewerkschaftliche Milieus einmischten, als wir Ausstellungen organisierten, Medien produzierten, Tagungen veranstalteten und diese Aktivitäten schließlich im Verein für Friedenspädagogik bündelten, blieb bei allen Kontroversen eine Grundüberzeugung stabil und nicht hinterfragt: Wir sind diejenigen, die andere zum Frieden erziehen oder anderen helfen, wieder andere zum Frieden zu erziehen. So hatten wir alle Hände voll zu tun und wussten gar nicht, wo anfangen und wo aufhören.

Zehn Jahre später, 1986, las ich einen Artikel des mir bis dahin unbekannten Mönches Thich Nhat Hanh: „Wo ist der Feind?" Er berichtete von den vietnamesischen boat people und von einem Piraten, der ein zwölfjähriges Flüchtlingsmädchen vergewaltigt und in den Selbstmord getrieben hatte. Er schreibt: „Wäre ich in seinem Dorf geboren und müsste sein Leben leben, wäre ich wahrscheinlich auch dieser Pirat. Es ist nicht leicht, keine Partei zu ergreifen". Was kann ich tun, fragt der Mönch und antwortet: „Gewaltlosigkeit hat einen anderen Namen und der ist Achtsamkeit."

Was ihm die Schale Tee war, die er achtsam zu trinken übt, ist mir der herbstliche Apfel: Ich beiße hinein, spüre die Härte der Schale, die Aromen, Süße und Säure und verfolge den Weg, den dieser Apfel vom Baum bis in meinen Mund genommen hat. Das will ich wissen, bis hin zu den globalen Strukturen, und dann erfahre ich etwas über meinen Beitrag zum Frieden. Durch die Übung der Achtsamkeit erlerne ich Gelassenheit, die mir und anderen nützlich sein wird, sollte ich in schwierigere Konflikte gestellt werden.

Rita Süssmuth

Prof. Dr. Rita Süssmuth, Bundestagspräsidentin a. D., war Vorsitzende des Sachverständigenrates für Zuwanderung und Integration und ist Präsidentin der OTA Hochschule GmbH.

Viele Themen, mit denen ich mich seit Jahren intensiv und in unterschiedlichen Zusammenhängen auseinandersetze, tangieren Grundfragen, Ansätze und Ziele der Friedenserziehung. Ob es um Fragen der Zuwanderung und der Integration geht, um den Stellenwert der Bildung in unserer Gesellschaft oder um die Ausgestaltung der Beziehungen zu Polen, den Niederlanden oder zu Israel – immer stellt sich die Frage nach der Bereitschaft der Menschen, sich mit den dahinter verborgenen Problemlagen zu beschäftigen, sich auf den „anderen" Menschen einzulassen und mit ihm den konstruktiven Dialog zu suchen. Friedenserziehung soll diese Bereitschaft fördern und kann damit einen herausragenden Beitrag zur Entwicklung demokratischer Gemeinwesen leisten.

Klaus Tappeser

Klaus Tappeser ist Mitglied der CDU-Fraktion im Landtag von Baden-Württemberg und Oberbürgermeister von Rottenburg am Neckar.

Allseits anerkannt, in aller Munde, beinahe jederzeit und beinahe überall ist der Wunsch nach Frieden hörbar, spürbar, fühlbar. Leider erscheint nicht alles Streben nach Frieden seinerseits friedlich. Frieden schaffen ist sogar in unserer modernen Welt immer noch schwierig. Sind doch alle im Ziel einig, im Weg bereits nicht mehr so ganz, kaum noch bei den Ansätzen im Kleinen.

Zu Recht wurde in diesem Jahr der Friedensnobelpreis einem Mann zuerkannt, der seit Jahren mit Minidarlehen an die Armen seinerseits für einen Teil des Friedens, den sozialen Frieden, sorgt.

Sozialer Friede ist ein hohes und wichtiges Gut, insbesondere und gerade auch in modernen Gesellschaften. Er beginnt aber nicht bei politischen Diskussionen über Generationengerechtigkeit, Rentenansprüchen, Versicherungsausgleichslasten oder Tarifverhandlungen. Nein. Sozialer Friede beginnt zuhause. In der Familie, in der Nachbarschaft, im persönlichen Umfeld. Insbesondere und gerade im Miteinander.

Dabei spielt das soziale Verhalten gegenüber Kindern eine weitaus größere Rolle, als allgemein vermutet. Positives, zuwendendes, freundliches und vertrauensvolles, ehrliches und offenes Miteinander, also friedliches Gestalten aller Lebensumstände und Alltagssituationen prägt gerade in jüngsten Lebensjahren. Solchermaßen geprägt, wachsen ausgeglichene, freundliche Mitmenschen heran, die positiv ansteckend – aktiv wie passiv – wirken.

Mögen wir uns allseits dahingehend bemühen. Im Kleinen, mit den Kleinen, den kleinen Frieden schaffen. Aus vielen Kleinen wird leicht rasch was Großes.

Mara Ustinova

Dr. Mara Ustinova, Candidate of Sciences, senior researcher, Institute of Ethnology and Anthropology, RAS.

Confrontation with physical violence, including military confrontation unfortunately was a recent reality of Russian society, mostly on the North Caucasus, where violent conflicts break out from time to time – even nowadays. Due to that the issues of the culture of peace deserve special attention of the Russian society. In particular a wide range of activities took place within the framework of the project 'The Culture of Peace in Russia – year 2000', initiated by the Commission of the Russian Federation for UNESCO and Moscow office of UNESCO.

However, formation of a firm psychological orientation of non-violence and tolerance, of perception of peace as a positive process which is closely related to human rights preservation and democracy, of mutual understanding and solidarity of all peoples and cultures requests steady public attention. Therefore for Russian society, as for societies of other countries the education for peace has to be regarded as an everlasting task which requests not a single action, but permanent activities of all sectors of the society and first of all – civil society.

For Russian civil society in general and first of all its peace-making NGOs it would be extremely useful to share the rich and widely recognized experience of the Institute for Peace Education Tuebingen in this area. Already at this stage colleagues from the Institute, Uli Jäger and Günther Gugel, were so kind and agreed to co-operate with the Institute of Ethnology and

Anthropology, Russian Academy of Sciences (IEA RAS, Moscow), to promote peace education in Russia. Possible ways of the co-operation were discussed during my visit at the Institute for Peace Education (June, 2006). I am very glad and grateful that the Institute for Peace Education exists and is prepared to share its broad experience.

The first step of the co-operation was made already during Summer 2006, and was aimed to provide Russian peace-makers and their auditorium with visual aids, commented in Russian. For this purpose a series of posters and their texts were translated from English into Russian and prepared for their reproduction for Russian peace-makers' needs during workshops.

Apart from that Russian colleagues would welcome with pleasure the Peace Counts photo exhibition extended by photos geographically related to Russia and its neighboring countries in Moscow and regard it as an important step to introduce this peace education approach to the Russian public. Russian partners suggest to display the exhibition (tentatively late 2006 – early 2007) in the State Tretyakov gallery and will make relevant organizational efforts to support this purpose.

By the opening of the Peace Counts photo exhibition Russian partners would suggest to conduct a „needs assessment workshop" with representatives of the peace-making NGOs in order to make a more precise circle of peace educational issues and approaches that Russian civil society is interested in, as well as to adopt the approaches to the Russian cultural tradition. In order to cover, on the one hand, a number of peace-makers as wide as possible and on the other hand, to deepen their knowledge in the area of peace education, it is suggested to further conduct the workshops on a regular basis with participation of colleagues from the Institute for Peace Education and other German researchers and practitioners that are interested in this kind of co-operation.

Reinhard J. Voß

Dr. Reinhard J. Voß ist Generalsekretär der deutschen Sektion der internationalen katholischen Friedensbewegung "Pax Christi" und Mitglied der Ökumenischen Gemeinschaft Wethen.

Kurz vor dem Ende des Endspiels der Fußballweltmeisterschaft 2006 wurde der französische Star Zinedine Zidane zum Ende wegen eines „Kopfstoßes" vor die Brust eines italienischen Gegenspielers, welcher ihn beleidigt und in seiner Ehre gekränkt hatte, vom Platz gestellt. Viele Millionen Menschen verfolgten diesen Vorfall an den Bildschirmen. Die französische Öffentlichkeit diskutierte es mit dem Tenor, Zidane sei Opfer und nicht Täter. Er selbst entschuldigte sich nicht für seine Reaktion, wohl aber dafür, dass durch die weltweite Übertragung damit leider ein schlechtes Beispiel für Kinder und Jugendliche gegeben worden sei. Fazit 2006: Beleidigte Ehre rechtfertigt Gewalt. Ich habe den Eindruck, dass hier viele Bemühungen um Friedenserziehung zurück geworfen wurden. Kurz zuvor hatte im Frühjahr 2006 in Paris der zweite „Salon de Paix" mit so vielen eindrucksvollen Beispielen von Gewaltfreiheit stattgefunden – eine wahre Friedens-Messe, die von Tausenden besucht wurde. Aber diese klammheimlich-öffentliche Verwandlung eines Täters zum Opfer und die damit verbundene Rechtfertigung von „Verteidigungsgewalt" werden in der großen Öffentlichkeit tiefere Spuren hinterlassen als manche friedenspädagogischen Bemühungen!

Diese Beispiel zeigt die Sisyphusarbeit der Friedenserziehung wie in einem Brennglas auf. Wie viele Seminare und Trainings zur Gewaltfreiheit, zum Streitschlichten, zur Kommunikationsfähigkeit, Gesprächsbereitschaft und zum aktiven Zuhören werden konterkariert durch Gewaltvideos, Gewalt in den Fernseh- und Kinofilmen und durch Beispiele angeblich gerechtfertigter Gewalt, wie eingangs beschrieben?!

Und doch: das Bewusstsein der positiven und produktiven Kraft von Friedenserziehung und Friedensarbeit wächst ganz im Sinne von Friedrich Hölderlin: Wo Gefahr ist, wächst das Rettende auch! Wer „Gefahr" und „das Rettende" bei Google eingibt, erhält 44.000 Treffer!

Ich möchte zwei Mut machende Beispiele empfehlen:
Das Projekt „Peace counts" entstand vor fünf Jahren während des Afghanistankrieges, als der Journalist Michael Gleich angesichts der Wandlung vieler KollegInnen zu Kriegsberichterstattern begann, nach „Friedensmachern" zu suchen. Das Projekt ist heute eine Stiftung, die geprüfte Beispiele von Friedenserziehung, Friedens- und Versöhnungsarbeit in Krisengebieten und Nachkriegssituationen sammelt und veröffentlicht. So sollen immer mehr Menschen hören und lernen, „wie Menschen Konflikte ohne Gewalt lernen". (www.peacecounts.org)

Ein zweites Beispiel ist eine recht unbekannte Website des evangelischen Pastors Martin Arnold (Essen), der Beispiele sammelt, wo die Kraft der Gewaltfreiheit praktisch im Alltag Wirkung zeigte: www.guetekraft.de

Solche Initiativen, denen das Institut für Friedenspädagogik – selbst ein solches Beispiel! – sicher hunderte hinzufügen kann, machen Mut. Wir sollten nur zwei Einsichten wach halten: Frieden kann nicht „gemacht" werden, sondern muss wachsen, braucht Geduld, Charakterstärke und kreative Fantasie. Und: Friedenserziehung ist kein Kinder- und Jugendthema allein, sondern fordert gerade auch die Erwachsenen, ja: unsere ganze westliche Kultur heraus, die Erhard Eppler einmal eine „nekrophile" nannte. In dieser Tiefendimension leistet Friedenserziehung nämlich Lebens-Angebote!

Jamie Walker

Dr. Jamie Walker ist Mitarbeiterin im MediationsBüro Mitte (Berlin).

Friedenserziehung umfasst ein weitergehendes Verständnis für Konflikte und Konfliktursachen auf der Mikro-, Meso- und Makroebene. Dazu gehört die Auseinandersetzung mit strukturellen Aspekten individueller und gesellschaftlicher Probleme im eigenen Kontext und das Interesse am weltpolitischen Zusammenhängen über den eigenen Kontext hinaus.

Ein entscheidender Schnittstelle für die politische Dimension friedenspädagogischen Handelns ist die interkulturelle Erziehung. Viele Lehrkräfte, die sich selbst als offen und liberal anderen Kulturen und Wertesystemen gegenüber einschätzen, geraten bei der Auseinandersetzung mit andersdenkenden Schülern und deren Eltern an ihre Grenzen. Diese Herausforderung hat eine persönliche und eine politische Seite. Es besteht die Gefahr, die eigenen Erfahrungen – so schwierig wie sie auch sein mögen – zu generalisieren und sich damit über andere zu stellen, statt sich auf einen echten Dialog einzulassen und gemeinsame Lösungen für konkrete Probleme zu suchen. Hier könnte Friedenserziehung im Sinne der Förderung interkultureller Verständigung aktuell einen wichtigen Beitrag leisten.

Auch das Thema Menschen- und Kinderrechte verbindet die persönliche mit der politischen Ebene und richtet den Blick über die eigene Erfahrung hinaus in eine Welt, in der nur eine kleine Minderheit ein priviligiertes Leben genießt. Eine Gesellschaft, die Kindern und Jugendlichen im hohen Maße eine

Medienkompetenz vermittelt, sollte ihnen gleichzeitig vermitteln, ihren Zugang zu Informationen und Ressourcen verantwortungsbewusst zu nutzen und in Handlung umzusetzen.

Am meisten habe ich in den letzten 20 Jahren von meinen lokalen und internationalen Kontakten profitiert – von der Gewissheit, nicht allein zu handeln, sondern Werte, Fachwissen und Erfahrungen mit Gleichgesinnten zu teilen. Das Beobachten und Erleben von friedenspädagogischen Ansätzen in Klassenzimmern und Lehrerfortbildungsinstituten von Harlem bis Belfast, von Kreuzberg bis Belgrad, von Kunduz bis Jaffna, haben mich in meinem Grundanliegen gestärkt. Inspirierend sind nicht abstrakte Ideen, sondern reale Menschen, die das Ziel haben, die Welt in ihrer unmittelbaren Umgebung zum besseren hin zu entwickeln und bereit sind, sich über Jahre hinweg und trotz Schwierigkeiten und Widerstände für dieses Ziel einzusetzen. Das habe ich inzwischen in den USA, mehreren Ländern West- und Osteuropas, Sri Lanka und Afghanistan erlebt – jedesmal anders, unter unterschiedlichen Voraussetzungen und in unterschiedlichen Ausprägungen. Das ermutigende Miteinander braucht einen Rahmen, der Raum für Erfahrungsaustausch und Fachgespräche und damit Zusammenhalt und einer Weiterentwicklung vorhandener Ansätze schafft.

Ernst-Ulrich von Weizsäcker

Prof. Dr. Ernst-Ulrich von Weizsäcker ist Dekan der Bren School of Environmental Science and Management, University of California, Santa Barbara.

Friedenserziehung ist eine Daueraufgabe. Immer wieder fragen „was hätte Gandhi in meiner jetzigen Lage getan?" gehört zum Kern der Friedenserziehung. Darüber hinaus muss man die Erscheinungsformen struktureller Gewalt immer wieder neu studieren. Die haben sich seit dem Ende des Kalten Krieges stark verändert. Solange es die Ost-West-Rivalität gab, lag es im Interesse der wirtschaftlich Starken, den sozialen Konsens zu ehren und mitzubezahlen, denn dieser war ein gutes Bollwerk gegen den Kommunismus. Nach 1990 war dieses Konsens-Motiv verflogen. Seither heißt es weltweit: Kapitalrendite maximieren. Und wenn diesem Ziel der soziale Ausgleich im Wege steht, dann wird er eben gekippt. In praktisch jedem Land reißt daher die Schere zwischen Arm und Reich weiter auf. Entsprechend wächst die Verzweiflung, mancherorts auch die Wut über die neue Ungerechtigkeit. Erst wenn wir dies verstehen und die wirtschaftlich Starken wieder veranlassen, den sozialen Ausgleich zu suchen, haben wir eine Chance, auch die Gewalt des Terrorismus zu überwinden.

Annette Widmann-Mauz

Annette Widmann-Mauz, Mitglied der CDU-CSU-Fraktion des Deutschen Bundestages, ist unter anderem Mitglied im Fraktionsvorstand.

Der Frieden ist das höchste politische Gut. Doch erst der Rechtsstaat begründet den Frieden. Das Recht ist die Bedingung der Möglichkeit von Frieden. Daher gilt: Es soll kein Krieg herrschen, sondern Recht. Diese Einsicht unterliegt unseren politischen Bemühungen, Frieden auf Dauer zu stiften. Das große Verdienst der Friedenspädagogik ist es, unterschwelliger anzusetzen, gewissermaßen präventiver zu wirken. Gewaltsame Konflikte kennzeichnen viele Teile unserer Welt. In einigen Ländern prägt physische und psychische Gewalt große Bereiche des Alltags. Sie prägen das Bewusstsein der Menschen, vor allem von Kindern. Kinder, die unter destruktiven und instabilen Verhältnissen aufwachsen, tragen – meist unreflektiert – zur Reproduktion der Gewalt bei. Friedenspädagogik hilft, die Tendenz zur Gewaltbereitschaft einzudämmen. Der konstruktive Umgang mit Gewalt ist erlernbar. Friedenspädagogik sollte Kinder für unterschiedliche Ausprägungen von Gewalt sensibilisieren, ihre kommunikativen und sozialen Fähigkeiten fördern und sie stark machen, Konflikte gewaltfrei zu lösen. Genau dies wird von den Mitarbeiterinnen und Mitarbeitern des Tübinger Instituts für Friedenspädagogik vorbildhaft getan. Auf diese Weise leisten Sie einen ganz wichtigen Beitrag, das gesellschaftliche Fundament des Rechtsstaates zu stärken und so für eine friedlichere Zukunft zu sorgen. Ich wünsche Ihrer Arbeit weiterhin von Herzen viel Erfolg.

Heidemarie Wieczorek-Zeul

Heidemarie Wieczorek-Zeul, Mitglied der SPD-Fraktion des Deutschen Bundestages, ist Bundesministerin für wirtschaftliche Zusammenarbeit und Entwicklung.

Nur mit einer auf Gewaltlosigkeit, Offenheit und Toleranz ausgerichteten Bildung kann sich eine umfassende Friedenskultur entwickeln. Wir sollten künftige Generationen für ein Miteinander gewinnen, das sich auf das Prinzip der gewaltlosen Konfliktaustragung und die Achtung der Menschenrechte gründet. Dies können wir nur durch eine gezielte Friedenerziehung erreichen, die über die Ursachen von Konflikten aufklärt und praktische Wege zu ihrer gewaltlosen Beilegung aufzeigt – eine Friedenerziehung, die die Gräben von Feindseligkeit und Sprachlosigkeit überwindet und die Vision eines gemeinsamen friedlichen Zusammenlebens vermittelt. Gerade Kinder und Jugendliche in Konfliktländern müssen die Chance erhalten, Alternativen zum Teufelskreis von Gewalt und Gegengewalt kennen zu lernen.

Das Institut für Friedenspädagogik widmet sich seit 30 Jahren der Umsetzung dieser Erkenntnis und leistet konkrete Beiträge zur Entwicklung einer umfassenden und nachhaltigen Friedenserziehung. Für dieses Engagement möchte ich dem Institut ausdrücklich danken!

Theo Zwanziger

Dr. Theo Zwanziger ist Präsident des Deutschen Fußballbundes.

Der Deutsche Fußball-Bund freut sich natürlich über alle sportlichen Erfolge seiner Nationalmannschaften und auch der deutschen Klubs auf internationaler Ebene. Gemäß unserem Motto „Fußball ist mehr als ein 1:0" ist es jedoch unser erklärtes Ziel, stets auch über den sportlichen Tellerrand hinauszuschauen. Der DFB und seine 6,3 Millionen Mitglieder in den rund 26.000 Vereinen müssen sich daher in ihrem Alltag jederzeit ihrer gesellschaftlichen Verantwortung bewusst sein. Es gibt diesbezüglich viele Möglichkeiten für uns, sich zu engagieren und klar Position zu beziehen. Gerade die Begeisterung der WM 2006 hat gezeigt, dass der Fußball eine große Integrationskraft besitzt und diese im Sinne des multi-kulturellen Miteinanders in unserem Land genutzt werden kann. Ob im Kampf gegen Rassismus, Diskriminierung von Minderheiten oder Gewalt. Als DFB-Präsident werde ich auch immer an der Seite derer stehen, die sich für die sozial Schwachen einsetzen und deren Rechte in den Blickpunkt der Öffentlichkeit rücken. Gleichzeitig müssen wir mit glaubwürdigen und attraktiven Aktionen die nötigen Impulse vermitteln, um gesellschaftspolitisch ein friedliches Miteinander aller Kulturen in Deutschland zu garantieren.

Promote Peace Education:
Friedenspädagogik in Tübingen

Günther Gugel und Uli Jäger, Geschäftsführer des Instituts für Friedenspädagogik Tübingen e. V.

Friedenserziehung, so definiert es der „Duden" in seiner online-Fassung, ist die „auf eine friedliche Lösung von Konflikten ausgerichtete Erziehung". Tatsächlich lassen sich Fähigkeiten und Kompetenzen für eine konstruktive Auseinandersetzung mit zwischenmenschlichen, gesellschaftlichen und internationalen Konflikten fördern und erlernen. Friedenserziehung kann die Wahrnehmung für die Gefahren eskalierender Konflikte schärfen und die eigene Anteile der Betroffenen sichtbar machen. Ebenso lässt sich die Sensibilität für Gewalt im Alltag erhöhen, können tradierte Legitimationsmuster für Krieg kritisch hinterfragt und die Suche nach Handlungsmöglichkeiten für die Überwindung von Gewalt und der sie fördernden Strukturen eröffnet und angeleitet werden. Die Themen und Ansätze für Friedenserziehung sind vielfältig und sie sind abhängig von den jeweiligen Lernorten und -bedingungen. Gleichwohl geht es der Friedenserziehung immer um die Förderung friedensorientierter und gewaltfreier Lernprozesse – sei es im Gespräch mit Eltern über den Umgang ihrer Kinder mit Gewaltspielzeug oder in der Diskussion zwischen Schülern und Lehrern über die Möglichkeiten der Verhinderung von Gewalt im Schulbereich, sei es beim Streit um die Legitimation von militärischen Interventionen oder sei es auch bei gezielt herbeigeführten Begegnungen von Angehörigen verfeindeter Konfliktparteien in einem der ungezählten Konfliktherde dieser Erde.

Doch Friedenserziehung ist mehr. Denn über die Summe einzelner Maßnahmen hinaus ist die wissenschaftlich ausgerichtete Friedenspädagogik auch ein umfassendes, internationales Projekt mit dem anspruchsvollen Ziel, einen substantiellen Beitrag zur Etablierung einer Kultur des Friedens zu leisten – in den jeweiligen Gesellschaften und weltweit.

30 Jahre Friedenspädagogik in Tübingen
Seit 30 Jahren ist das Institut für Friedenspädagogik Tübingen e. V. (ehemals Verein für Friedenspädagogik Tübingen e. V.) eine treibende Kraft bei der Konzeption, Entwicklung und Umsetzung friedenspädagogischer Lernarrangements. Die Vermittlung von Friedenskompetenzen, die Förderung von Konfliktfähigkeit und die Befähigung zu friedenspolitischem Handeln und zu Zivilcourage stehen im Zentrum der Arbeit. Nach mehreren Umzügen innerhalb Tübingens bildet heute das Georg-Zundel-Haus die räumliche Basis für die vielfältigen Projektarbeiten. Der Name geht auf den Gründer der Berghof Stiftung für Konfliktforschung zurück, die das Haus in der Corrensstraße im Jahr 2001 käuflich erworben hat. Damit verfügt das Institut in Tübingen über eine Geschäftsstelle mit mehreren Büros, einen großzügigen Seminarraum, eine öffentliche Leihbibliothek mit weit über 10.000 Publikationen sowie eine Mediothek. Das Team in der Geschäftsstelle arbeitet seit vielen Jahren eng mit Fachleuten unterschiedlicher Sparten zusammen: Lehrerinnen und Lehrer erproben die entwickelten didaktischen Materialien, Grafik und Layout sind eng verzahnt mit den inhaltlichen Aspekten und durch die Kooperation mit Print-, Hörfunk- und Fernsehjournalisten ergeben sich immer neue Sichtweisen und Vermittlungsmöglichkeiten. Die Nähe zur Universität Tübingen und insbesondere zur Ab-

teilung Internationale Beziehungen / Friedens- und Konfliktforschung unterstützt die wissenschaftliche Fundierung der Projektarbeiten des Instituts. Gefördert wird die Tätigkeit des Instituts neben der Berghof Stiftung für Konfliktforschung und den über zweihundert Mitgliedern vor allem von staatlichen Einrichtungen auf Bundes- und Länderebene, von Nichtregierungsorganisationen und Kooperationspartnern sowie der Stadt Tübingen.

Im Zentrum: Friedenspädagogische Projekte
Die Durchführung friedenspädagogischer Projekte gehört seit der Gründung des Vereins für Friedenspädagogik zu den in der Satzung verankerten Zielen. Über Projektarbeiten wurden im Laufe der Jahrzehnte viele Problem- und Themenstellungen erarbeitet und für eine breite Öffentlichkeit erschlossen. Dabei geht es um Ansätze zur Überwindung von Gewalt, um Modelle gegen Vorurteile, Fremdenfeindlichkeit und Rassismus, um den richtigen Umgang mit gewaltsamer Vergangenheit oder um Projekte, mit denen gerechtes und faires Zusammenleben der Menschen in Deutschland und weltweit gefördert werden kann. Das Ende des Kalten Krieges hat auch im Bereich der Friedenspädagogik zu einer veränderten Positionierung geführt. Sicherheitspolitische Themen und Rüstungskritik (obwohl nach wie vor wichtig) sind mehr in den Hintergrund gerückt, Problembereiche wie Ausländerfeindlichkeit, Rechtsextremismus und Zivilcourage wurden stärker aufgegriffen. In den zurückliegenden zehn Jahren haben im schulischen und außerschulischen Bereich Ansätze der Gewaltprävention, der konstruktiven Konfliktbearbeitung und der Mediation eine besonders starke Resonanz erfahren. In internationalen Netzwerken finden friedenspädagogische Ansätze und Erfahrungen

aus Tübingen verstärkt Aufmerksamkeit und die Bedeutung der Friedenspädagogik für die Entwicklungszusammenarbeit in der Krisen- und Kriegsregionen dieser Erde wird auch von staatlichen Stellen zunehmend wahrgenommen.

Im Mittelpunkt der Projektarbeiten steht seit Jahren die systematische Entwicklung von Bildungsmedien. Dazu gehören Printmedien, Fachbücher, Broschüren, didaktische Materialien, CD-ROMs und Videos sowie Internet-Angebote. Alle Medien werden in einem eigenen Verlag veröffentlicht und erreichen Auflagenhöhen von weit über zehntausend Exemplaren.

Eine Auswahl der im Jubiläumsjahr 2006 durchgeführten Projekte lässt die Vielschichtigkeit der Arbeit des Instituts für Friedenspädagogik erkennen:
- Im Kontext der Ausstellung „Peace Counts: Die Erfolge der Friedensmacher" entwickelt das Institut friedenspädagogische Lernzirkel für Besuchergruppen, vor allem für Schülerinnen und Schüler. Die Umsetzung in Baden-Württemberg wird von der Robert-Bosch-Stiftung gefördert, die Präsentation der Ausstellung und die Durchführung friedenspädagogischer Workshops in Krisenregionen wird durch das Programm „Zivik" des Instituts für Auslandsbeziehungen gefördert. Die „Tour de Paix" beginnt im Februar 2007 in Sri Lanka.
- Die Erstellung und Betreuung eines Internetangebotes für den Grundschulbereich zum Thema „Gewalt und Gewaltprävention" wurde von der Einrichtung Pro Child angeregt und gefördert und soll im Frühjahr 2007 verfügbar sein.
- Der Weltfriedensdienst führt im Rahmen eines neuen Projektes „PeaceXchange" mit Partnern in Polen, der Tschechi-

schen Republik und Österreich Begegnungen für Jugendliche durch. Das Handbuch für diese interkulturelle Jugendarbeit wird vom Institut für Friedenspädagogik erstellt.
- Gemeinsam mit den Partnern wie streetfootballworld, Kick Forward und der Aktion „Brot für die Welt" beteiligt sich das Institut für Friedenspädagogik an der Weiterentwicklung des Ansatzes „Straßenfußball für Toleranz". Gefördert wird das Projekt vom Bundesministerium für wirtschaftliche Zusammenarbeit und Entwicklung.
- Mit dem Projekt „Friedensforschung Multimedial" wird versucht, zentrale Ergebnisse und Forschungsbereiche der Friedens- und Konfliktforschung anhand biographischer Schilderungen bedeutender Friedensforscherinnen und Friedensforschern didaktisch für Lehre und Weiterbildung aufzubereiten. Gefördert wird dieses Projekt von der Berghof Stiftung für Konfliktforschung.
- Die konzeptionelle Entwicklung und didaktische Umsetzung von Ansätzen des Globalen Lernens findet seit Jahren in enger Kooperation zwischen der Aktion „Brot für die Welt" und dem Institut für Friedenspädagogik statt. Diese bewährte Zusammenarbeit, die sich zum Beispiel in der Zeitschrift „Global Lernen" ausdrückt, wird auch in den kommenden Jahren fortgesetzt.

Zu diesen und vergleichbaren Projektarbeiten kommen die Serviceleistungen des Instituts: Beratung für Multiplikatoren und Multiplikatorinnen, Angebote von Fort- und Weiterbildung im Rahmen von Seminaren und Kursen, Lehraufträge, Vorträge im In- und Ausland, Teilnahme an internationalen Kongressen oder Mitarbeit in Beiräten und Beratungsgremien. Nennenswert sind schließlich die umfangreichen Serviceleistungen, die über das Internet abrufbar sind (www.friedenspaedagogik.de). Jede Woche greifen ungefähr 35.000 Nutzer auf diese Angebote zurück. Rechtzeitig zum 60. Jahrestages des Kriegsendes wurde im Mai 2005 mit der Einrichtung eines Internetangebotes speziell für Kinder zum Thema „Krieg und Frieden" ein neues Pilotprojekt gestartet (www.frieden-fragen.de). Die englischsprachige Seite www.peace-education.net informiert über den Stand der internationalen Diskussion über Friedenspädagogik im Kontext von Entwicklungszusammenarbeit sowie in Krisen und Kriegsgebieten.

Promote Peace Education!
Trotz aller Erfolge und Fortschritte ist es bislang nicht in einem befriedigenden Maße gelungen, friedenspädagogisches Denken und Handeln systematisch in der Aus- und Weiterbildung relevanter Zielgruppen zu verankern. Noch immer gibt es an keiner deutschen Universität einen Lehrstuhl für Friedenspädagogik und die strukturelle Förderung der Friedenspädagogik lässt trotz der Errichtung der Deutschen Stiftung Friedensforschung weiterhin zu wünschen übrig. So steht der vielfältigen Praxis ein Defizit theoretischer Grundlagenforschung und ein Mangel tragfähiger Strukturen gegenüber.
Vor diesem Hintergrund soll die mit dieser Publikation angestoßene Aktion „Promote Peace Education. Viele Stimmen für den Frieden!" einen Beitrag zur weiteren Etablierung der Friedenspädagogik in Deutschland leisten.

30 Jahre Institut für Friedenspädagogik

1976 Gründung des Vereins für Friedenspädagogik Tübingen e. V.
1977 Erste Projektförderung durch die Berghof Stiftung für Konfliktforschung.
1978 Einrichtung einer Geschäftsstelle in der „Seelhausgasse".
1982 Umzug der Geschäftsstelle in das Gebäude „Bachgasse 22".
1983 Verleihung der Theodor-Heuss-Medaille für bürgerschaftliches Engagement.
1984 Entzug der Gemeinnützigkeit; Wiedererlangung nach Urteil des Bundesfinanzhofes im Jahr 1989.
1991 Erstmalige Projekt-Förderung aus Mitteln des Bundeshaushaltes (Bundesministerium für Bildung und Wissenschaft).
1995 Einrichtung der „Schulprojektstelle Globales Lernen" in Kooperation mit der Aktion „Brot für die Welt".
1999 Verleihung eines Ehrenpreises für Friedenserziehung durch die UNESCO.
2001 Übernahme des Sekretariats des Hans-Götzelmann-Preises für Streitkultur der Berghof Stiftung für Konfliktforschung.
2002 Namensänderung in „Institut für Friedenspädagogik Tübingen e. V." und Umzug der Geschäftsstelle in die Corrensstr. 12, 72076 Tübingen.
2005 Auszeichnung als Modellprojekt der UN Dekade Bildung für Nachhaltige Entwicklung.
2006 30 Jahre Institut für Friedenspädagogik Tübingen e.V.